見るだけで楽しめる！

まじないの文化史

日本の呪術を読み解く

新潟県立歴史博物館　監修

河出書房新社

まじないの文化史◎目次

第4章　生きている呪術——境界とおふだ

はじめに

平成二十八年（二〇一六）、新潟県立歴史博物館では企画展「おふだにねがいを――呪符《じゅふ》――」という展覧会を実施した（会期：四月二十三日〜六月五日）。県内で出土する呪符木簡《もっかん》を現代の様々な〝おふだ〟との関連で明らかにしようというところがきっかけで企画したものであるが、最終的には、おふだにとどまらず、様々な呪的な行為や習俗にまで広がりを見せる展示となった。

普段、当たり前のように身近にありながら、意外にそのルーツを知らない様々なまじないについて、「あぁ、そんな歴史があったのか」「昔の人も今と同じようにいろいろな願いを込めたまじないをしていたんだ」などと気付いていただけたらと考えながら、展示を作り上げていったものである。

本書は、この企画展で作成した図録がベースになっているが、展示では「人びとを幸せにする」、すなわち災《わざわ》いを避けるおふだやまじないに限定して取り上げた。本書では「人びとを不幸にする」、すなわち呪《のろ》いをかける行為についても新たに書き加えてある。呪うという行為はなかなか形として残らず展示にはなりにくいため、会期中に関連講座として実施したものを文章化したものである。

企画展会期中にいただいたお客様のご意見などでも、人を呪《のろ》うという展示を期待されて来場されたという方が多数いらっしゃったようである。そのような方々からいただいたご意見はなかなか反映できずに申し訳ない思いであったので、このような形でまとめさせていただいた。

同展の図録は、既に完売するなど好評で現在では入手困難になっている。本書によって多くの方々に再びおふだやまじないと人びとの暮らしの深いつながりをご紹介できることになったのは幸いである。

ぜひ、本書を通じてまじないやおふだの歴史に思いをはせていただきたい。

- 本書は、新潟県立歴史博物館が平成28年4月23日から6月5日にかけて開催した企画展「おふだにねがいを―呪符―」の展示内容を元に、新たに書き下ろしなどを加えて、書籍として構成したものです。

- 本書の執筆は、記名原稿を除き、浅井勝利と三国信一が行いました。

- 本書に収録されている図版・写真は企画展において展示されたもの並びに展示解説図録に掲載されているものと異なるものも含みます。また、実際の企画展における展示資料・構成は本書の内容と同一ではありません。

- 本書掲載の資料名は、所蔵者・保管先・報告者などが使用する名称と異なるものがあります。

序章

わたしたちは「呪術」に囲まれている⁉

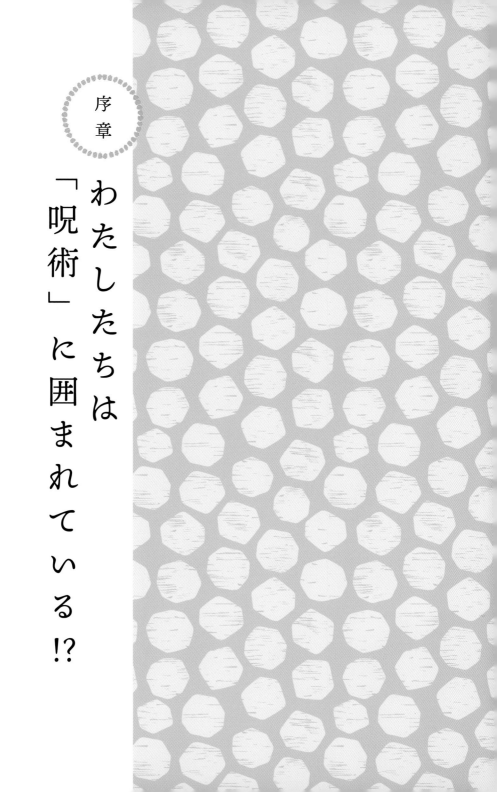

現代は「魔術」ばやり

アニメや映画、ゲームなどの創作物の世界では、魔術や妖術が大人気である。一方で、私たちの身のまわりを見回してみると、神棚のおふだ、車に貼られた交通安全のステッカー、机の前の学業成就のお守り、金運や健康運などの効果を期待された開運グッズなど、なにか超越的な力にすがろうとする〝信仰〟を至る所で見ることができる。

つまり、現代の私たちの生活は「魔術」に満ちあふれているといっても過言ではない。

これらの魔術は、日々のストレスに疲れた現代人が突然生み出した産物ではない。「魔術」（考古学、民俗学などの学問的視点からは「呪術」という）は、災厄を避けたい、望みを叶えたいと願う人びとによって、古来から用いられてきた。

とりわけ、おふだ（＝呪符）は、祈りやまじないのひとつの形として、今日に至るまで連綿と続いている「魔術」である。なかには本来の意味づけを失って習慣として続いているものもあるが、新たに生み出されているものもあり、今なおアクティブな信仰といってよい。

歴史学・考古学・民俗学の視点から、おふだを中心とした呪術の世界を俯《ふ》瞰《かん》することで、このアクティブな信仰のルーツや変遷をたどってみよう。

おふだや陰陽師《おんみょうじ》などの呪術師を取り上げた作品

おふだ、及びそれに関連してとりわけ陰陽師が活躍する作品は今日一つのジャンルをなしているといっても過言ではない。媒体としても、小説、漫画やコミック、さらには映画やテレビドラマ、アニメなどの映像作品にまで及んでいる。

安倍晴明などの陰陽師を超人的な呪術師として描いたり、妖怪や式神などが跳梁跋扈するようなオカルト的なフィクションが、現代の一般人が思い描く陰陽師像の形成に大きく影響していることも、また事実だろう。しかしながら、それらはあくまでフィクションであり、必ずしも正しい歴史を伝えているものではないことにも注意しなければならない。

個人蔵

日常にも「呪術」がいっぱい！

「呪術」というと、祈禱《きとう》をしたり、呪文を唱えたりという印象があるが、年中行事や身近な習慣として続いているものの中にも、元をただせば呪術であるというものが少なくない。

例えば、七夕祭りはそのひとつの例だ。中国の習俗が日本の盆始めの信仰と習合《しゅうごう》したもので、水浴などの禊《みそぎ》を行うものもある。短冊に願い事を書くのも、おふだを使って願をかける行為にほかならない。

また、各地の民俗事例にしばしば見られる、しめ縄や作り物を集落の境に設置する「道切り」などと呼ばれる行為も、外部からの災厄の侵入を防ぐための呪術的な祈願である。しめ縄や作り物には呪文を書いたおふだが付随することもある。

さらに、絵馬などの奉納も様々な願かけを行う呪術といえる。

私たちの現在の暮らしにも、古代以来の呪術的な思考が入り込んでおり、それが日々の生活や文化を形作っているのだ。

お守り

護符、霊符、呪符などともいう。

災厄を防ぐ神秘的な力があるとされる札符で、神仏の像や種字（仏や菩薩を象徴する文字。梵字）、真言などが書かれていることが多い。身につけたり、玄関などに貼ったり、室内に安置したりする。8世紀後半の都だった長岡京からは、上部に穴が開けられている呪符が見つかっており、紐などを通して身につけていた可能性もある。　>>>P42

写真　新潟県立歴史博物館

作り物

集落の境に、外部からの災厄の侵入を防ぐために設置する物。道切りなどと呼ばれ、藁などで人形や蛇、草履などを作る。そこには呪文を書いたおふだが付随することもある。　>>>P82

絵馬

社寺などに馬を奉納する代替物としてあらわれたと考えられている。かつては馬の絵を描いたが、時代が下ってくると社寺や願い事に応じた様々な絵柄が描かれ、裏面に奉納者の願い事が書かれるようになっていく。　>>>P106

新潟県立歴史博物館蔵

雛《ひな》祭り

3月3日の節句の行事に、雛人形を飾って祝う。古代には、人間をかたどった人形（ひとがた >>>P48）を作り、水に流して穢れを祓う呪術が盛んに行われており、これが雛人形や流し雛の祖型と見られている。

夏越《なごし》の祓《はらえ》

古代、宮中の儀式として行われた6月晦日の大祓（おおはらえ）が、神社の神事として取り入れられたもの。茅で作った輪（茅の輪）をくぐったり、紙製の人形に名前などを書いて自らの罪穢をこの人形に移して川に流すといった儀式が行われる。写真は彌彦神社（新潟県弥彦村）の夏越の祓。　>>>P58

写真　新潟県立歴史博物館

七夕

古代中国から日本に伝わった乞巧奠（きっこうでん）という宮廷行事に由来。短冊に願い事を書き、邪気を祓うとされている笹に結んで、願い事の成就と邪気祓いを願う祭りへとなっていった。　>>>P66

日本の呪術の特徴

日本で古くから行われている呪術には、中国などから導入された様々な思想がもとになったものがある。例えば、陰陽五行《いんようごぎょう》思想は、物事はすべて陰と陽の二つに分けられこれらが常にバランスを取るものであるとする考えである陰陽思想と、木火土金水が互いに相関して万物を司っているという五行の考えが融合して出来上がった思想である。この考え方が日本に伝えられると、日本独自の陰陽道《おんみょうどう》へと発展していく。

道教も古代中国で起こった思想で、宇宙の中心である道（タオ）こそが真理であり、これを極めることで神仙となって不老長寿を得ることができると説くものである。

密教はインドで発展して、中国を経て日本に伝えられた仏教の考え方の一つで、悟りを開く重要な行為として神秘的な儀式や呪文（真言《しんごん》）などが用いられる。

一方、日本古来の土着的信仰や神道、神仏習合の結果、日本で独自に発展したと考えられる山岳宗教や修《しゅ》験道《げんどう》なども、様々な呪術的行為を行う主体となった。

これら、外来と独自の思想が複雑にまじりあったのが、日本の呪術の特徴である。

道教

古代中国の宗教思想。不老長寿を望む神仙《しんせん》思想を基盤に、独自の世界観・宇宙観を形成。

陰陽五行思想

この世界の現象の因果関係を説明する。十二支や暦の二十四節気にもその影響が見られる。

密教

7世紀にインドで成立。仏の本質を曼荼羅《まんだら》であらわし、神秘化された文字として梵字《ぼんじ》を用いる。

日本古来の土着的信仰

古来から存在した自然崇拝や祖先崇拝。その祭祀の一部は律令制などを経て、神道として制度化されていく。

第1章

呪いの古代史

——奈良平安時代呪詛事件ファイル

「呪う」ということ——まじなう？　のろう？

「呪」という漢字は、訓読みにすると「まじなう」とも「のろう」とも読める。「まじなう」というと「神仏や神秘的なものの威力を借りて、災いや病気を除いたり、災いを起こしたりするようにする」（『日本国語大辞典』）という意味だが、「のろう」というと「恨んだり憎んだりする人に、わざわいがあるようにと神仏に祈る」（『同』）と、災いをもたらすための行為を指すことになる。同じ文字が災いを除いたりもたらしたりするという両様の意味で用いられるのである。

　近代的な思想や科学の発達する以前の人びとは、自らの力の及ばない現象に対しては、この「呪い」という行為によって自らの意を実現させようとした。例えば、病などの災いから逃れるために「まじない」を行い、政敵などを打ち倒すためには「のろい」を用いた。

　災いを取り除くことはよいとして、他人に災いが及ぶことを願う行為は、現代的な感覚でも決して褒《ほ》められたものではないし、古代においては法律でも禁止される行為であった。しかしながら、倫理的に非難されても法律で禁止されようとも、「呪い」に頼る人が出てくることは人間の性《さが》なのかもしれない。

記録に残らない「呪い」

　おそらくかなりの「呪《のろ》い」にかかわる事件があったと思われるのだが、これに関する証拠は必ずしも多くは残っていない。それは密かに行われた行為であり、いわば裏の社会の行為としてその証拠は隠され、記録にも残されなかったのではないだろうか。

　実は、同様に災いを取り除く「呪《まじな》い」についても、よくわからないことが多い。あるいは、現代の私たちがそれを「呪い」の痕跡だと気付いていないだけなのかもしれない。古代や中世の遺跡などからは、よく使い方のわからない遺物が出土することがある。専門家にとっても使い方のわからない物は当時の人びとが呪いに使った道具なのであろうと処理されることがしばしばあったりする。

　しかし、現代の私たちの生活の中

>>>P33
高槻市蔵

>>>P50
新潟市文化財センター提供

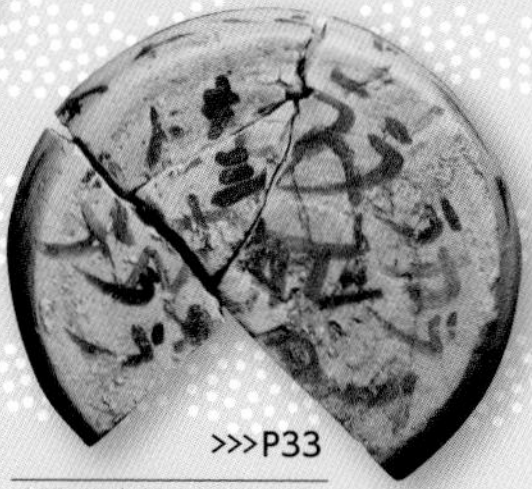

>>>P33
新発田市教育委員会蔵

>>>P43
阿賀野市教育委員会蔵

>>>P44
新潟市文化財センター提供

「まじない」あるいは「のろい」の道具の数々

遺跡から出土した、呪術に用いたと思われる様々な道具。これらは、自分や家族の健康などを願って使われたものもあれば、人に不幸が降りかかるように祈ったものもあるだろう。

に昔の人びとの「呪い」から受け継がれた精神や行為が残っていると考えたらどうであろう。それは昔の人と同様、現代でも降りかかる災いを除きたいと考えたり、自分に都合の悪い人物の不幸を願ったりという精神性は残されているわけで、科学や医療などが発達しても相変わらず「呪《まじな》い」に一縷《いちる》の望みをかける人もいるし、人の不幸のために「呪《のろ》い」的な行為をする人もいるであろう。

「呪い」の方法としては、呪文などの言葉によるもののほか、様々な道具を用いた方法もあったと考えられる。とりわけ、言葉や文字、不思議な記号などには人知を超えた強い力が備わっていると考えられていたようである。

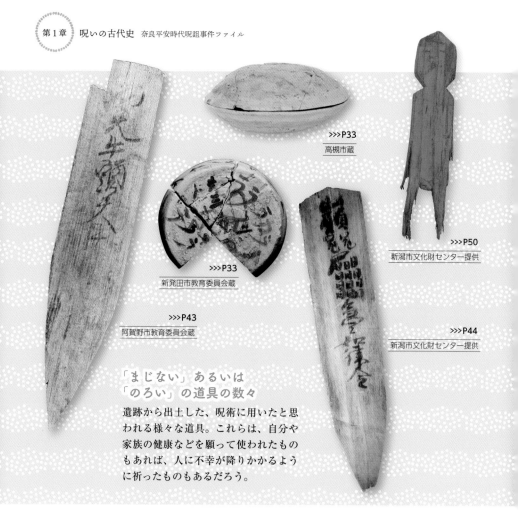

禁じられた呪い

原文

賊盗律

凡造畜蠱毒※、謂、造合成蠱、堪害人者、及教令者絞、（略）
凡有所憎悪、而造厭魅、及造符書咒詛、欲以殺人者、各以謀殺論、減二等、以故致死者、各依本殺法、欲以疾苦人者、又減二等、即於祖父母父母及主、直求愛媚而厭咒者、徒二年、若渉乗輿者、皆絞、

大意

毒虫を飼い、それらの虫から毒物を作り出した者は絞首刑とする。（略）
憎悪によって厭魅をなし、符書を作って呪詛を行い、人を殺そうと欲した者は、計画を立てたり未遂の段階であったりしても減二等に処せられる。呪詛によって、死に至らしめようとしたり、疾病、苦痛を与えようとしたりした者もまた、減二等に処す。祖父母・父母・主人に対し（呪詛を用いて）「愛媚」を求めた者は、徒二年に処す。

※蠱毒　虫を使った殺人。

原文

『続日本紀』天平《てんぴょう》元年四月癸亥条

勅、内外文武百官及天下百姓、有学習異端、蓄積幻術、厭魅※呪詛※、害傷百物者、首斬従流、

七世紀から八世紀、中国の隋《ずい》や唐《とう》の律令《りつりょう》にならって、古代の日本でも法体系が整備されていく。その過程で、「呪い」も犯罪として規制されている。「養老《ようろう》律令」※1の中で犯罪と罰則を定めた「賊盗律《ぞくとうりつ》」では、呪いによる殺人を「厭魅《えんみ》」とあらわしてこれを禁じている。

これらは「厭魅蠱毒《こどく》」と併称されることが多い。「蠱毒」は毒虫から毒物を作り出して殺人を犯すことで、これ自体は呪いの類ではないが、当事者は絞首刑、その家に同居していた者は、たとえ事情を知らなかったとしても遠流《おんる》とされている。

一方の「厭魅」も、予備や未遂であっても罰せられるとしており、その呪詛《じゅそ》の目的についても、①死に至らしめること、②疾病、苦痛を与えること、③祖父母・父母・主人に対し「愛媚」（心を惑わせて自分の思いのままにすることの意か）を求めることという具合に、細かく列挙している。呪いの具体

大意

天皇は以下のように勅した。内外の文官・武官および全国の人民において、異端のことを学び、幻術を身につけ、厭魅呪詛によって物を傷つける者あらば、首謀者は斬首、従犯は流罪とする。

※厭魅　呪いによる殺人。　※呪詛　のろい。具体的な方法は不明。

『続日本紀』宝亀《ほうき》十一年十二月甲辰条

原文

勅左右京、如聞、比来无知百姓、構合巫覡※、妄崇淫祀※、蒭狗之設※、符※書之類、百方作怪、塡溢街路、託事求福、還渉厭魅、非唯不畏朝憲、誠亦長養妖妄、自今以後、宜厳禁断、（略）但有患禱祀者、非京内者、許之、

大意

天皇は左右京に対し、以下のように勅した。聞くところによると、この頃無知な人民は男女の巫《みこ》と構い合い、みだりに淫祀を崇めて、蒭狗《すうく》を並べ、呪文を記したおふだなどの怪しげな物を作り、それらが街路に満ちあふれているという。幸福を求めて、かえって厭魅にかかわっている。これは朝廷で定めた法を畏れないばかりか、妖しく妄《みだ》らなものを養うこととなる。今後は厳しくこれを禁じるべし。（略）ただし病にかかりこれを祈禱しようとするものは、京内で行うのでなければ、これを許可する。

※巫覡　神につかえる者。巫は女の巫女、覡は男の巫を指す。　※淫祀　みだらなマツリ。まつるべきでない神をまつること。　※蒭狗之設　草や藁で犬の形を作ったもの。　※符書　呪いのおふだ。

的な方法については不明だが、「賊盗律」に「符書（呪いのおふだ）を作って呪詛を行い」とあるように、何らかの文字や符籙《ふろく》（まじないに用いる記号）の書かれたおふだを用いていたと考えられる。

※2『続日本紀《しょくにほんぎ》』には、「幻術を身につけ、厭魅呪詛によって物を傷つける者は、首謀者は斬首《ざんしゅ》、従犯は流罪」「淫祀を尊び、呪いのおふだなどの妖しげな物を作ることは、今後、厳しく禁じるように」といった勅《ちょく》（天皇による命令）が記されており、このような呪詛が、一般の人びとの間でも広く行われ、「街路にあふれている」状態だったことをうかがわせる。

用語集

「養老律令」　※1 >>>P18
藤原不比等（ふじわらのふひと・659～720年）らが、すでに施行されていた大宝律令を修正して編纂した法典。天平宝字元年（757）施行。

『続日本紀』　※2 >>>P19
文武天皇の文武元年（697）から桓武天皇の延暦10年（791）までを記した歴史書。平安時代初期に成立し、奈良時代を知る貴重な史料となっている。

奈良時代呪詛事件ファイル

古代日本ではどのような「呪い」が行われていたのであろうか？

奈良・平安時代になると『続日本紀』のような正史や同時代の古記録（日記）などに、人が人を呪って事件となったケースが散見される。まずは、奈良時代から見ていこう。

FILE 1

天《てん》平《ぴょう》勝《しょう》宝《ほう》の厭魅事件

『続日本紀』天平勝宝六年（七五四）十一月甲申条によると、薬師寺の僧侶行信《ぎょうしん》と八幡神宮（宇佐八幡宮）の神主であった大神朝臣《おおみわのあそん》多《た》麻呂《まろ》が共謀して「厭魅」を行い、遠流の罪に当たるとされた。行信は下野《しもつけ》薬師寺に送られた。

続いて、多麻呂の同族と考えられる大神朝臣杜女《もりめ》という女性祝部《ほうりべ》（禰《ね》宜《ぎ》）が多麻呂とともに大神朝臣氏の姓を本姓の大神氏に改められ、杜女は日向《ひゅうが》国へ、多麻呂は種褹《たね》嶋（種子島）へと流された。さらに別人を神宮の禰宜祝として祭祀をさせるとともに、封戸《ふこ》・位田《いでん》その他一切のものを大宰府《だざいふ》に検知させた。

大神朝臣杜女は天平二十年に従八位上から外従五位下と異例の授位にあずかっているが、これは当時大仏建立に必要な金が不足している中、黄金の出土という託宣をもって宇佐から上京してきたことによる。これ

和気王　※3 >>>P21
生年不詳～765年。舎人親王の孫。藤原仲麻呂の乱では称徳方について功績をあげたが、称徳天皇と天皇に重用されていた僧・道鏡を呪詛したとして殺害された。

称徳天皇　※4 >>>P21
718～770年。聖武天皇の第2皇女。天平勝宝元年（749）即位して孝謙天皇となる。翌年退位し、淳仁天皇が即位。仲麻呂の乱後、淳仁を廃帝とし、重祚（退位した天皇が再び皇位につくこと）して称徳天皇となる。仏教の興隆に力を注ぐが、道鏡を重用するなど政情が混乱した。

淳仁天皇　※5 >>>P21
733～765年。舎人親王の子。藤原仲麻呂の庇護の下で即位した天皇。仲麻呂の乱後、天皇も廃帝となり、淡路に流されて没した。

に同道した多麻呂もやはり高位を授かっている。実際に、託宣の翌年には陸奥国から黄金が出土している。異例の出世は大仏建立への多大な貢献によるものであろう。

この事件では、誰を「厭魅」で呪ったのかは明記されていない。この時代は橘諸兄《たちばなのもろえ》[※1]と藤原仲麻呂《ふじわらのなかまろ》[※2]の権力争いの真っただ中である。あるいはこの争いの中での出来事だったのかもしれないし、実際に「厭魅」を行ったかどうかも定かではない。この翌年には橘諸兄が失脚し、藤原仲麻呂が独裁的な政権を築くこととなる。

FILE 2　和気王《わけおう》による呪詛事件

『続日本紀』天平神護《てんぴょうじんご》元年（七六五）八月庚申条によれば、和気王[※3]が謀反の罪により誅せられている。和気王は舎人《とねり》親王（天武《てんむ》天皇の皇子）の孫にあたる人物であるが、当時、称徳《しょうとく》[※4]天皇の後継がいなかったことから、後継を狙い紀《きの》朝臣益女《あそんますめ》なる「巫鬼《ふくい》」（鬼神に祈禱する能力）を持った女に幣物《へいもつ》を贈って呪わせることによって起こした謀反であった。謀反の露見した和気王は逃走の途中捕らえられて殺され、益女も殺された。

紀朝臣益女は、淳仁《じゅんにん》[※5]天皇が廃位され淡路に流された直後に、无《む》位《い》（位階を持っていない者）から従五位下に叙せられていることから、この事件に深くかかわった人物とも考えられるが、同時代に紀朝臣益人《ますひと》という陰陽頭《おんようのかみ》がおり、同族とも考えられる。この益人は紀寺の奴婢《ぬひ》であったが、訴えによって良人とされ紀朝臣の姓を賜り異例の出世をしている。その後、益人は、理由は不明であるが、姓を田後部《たしりべ》とされ、庶人におとされた。

用語集

橘諸兄　※1 >>>P21
684～757年。藤原不比等の子らが相次いで病没し、藤原氏の勢力が後退した際に、台頭して政権を握った政治家。

藤原仲麻呂　※2 >>>P21
706～764年。光明皇后の信任を得て、大仏の建立などを推進。諸兄の失脚後は政務や軍事を掌握し、淳仁天皇から恵美押勝（えみのおしかつ）の名を受ける。しかし、光明皇太后が死去すると、先代の孝謙太上天皇と対立。謀反の計画が露見し、孝謙方に討たれた。

FILE 3

不破《ふわ》内親王事件

『続日本紀』神護景雲《じんごけいうん》三年（七六九）五月壬辰条によると、不破内親王が親王の名を剥奪《はくだつ》され、※1厨《くりやの》真《ま》人《ひと》厨《くりや》女《め》の姓名を与えられ、都から追放された。不破内親王は聖武《しょうむ》天皇の皇女であり、母は県犬養広刀自《あがたいぬかいのひろとじ》。天武天皇の孫である塩焼《しおやき》王（氷上《ひかみの》塩焼）と結婚して、志計志麻呂《しけしまろ》と川継《かわつぐ》を産んでいた。

追放の理由は積悪が止まず、重ねて不敬をなしたためであるという。二人の子も遠流に処された。

しかし、その直後、女官であった県犬養姉女《あねめ》らが「巫蠱《ふこ》」（人を呪うこと）の罪で配流される。これは忍《おし》坂《さか》女王・石田女王らを率いて不破内親王と共謀し、志計志麻呂を皇位につけようとするたくらみによってであった。その方法が、佐保川の髑髏《どくろ》に称徳天皇の髪の毛を入れて宮内に持ち込み三度までも「厭魅」したというものであった。

この事件は神仏の加護により露見したという。姉女らは死罪に相当するも罪一等を減じられ遠流に処せられた。

しかしながら、後に丹比乙女の誣《ぶ》告《こく》であったことが明らかとなり、姉女は犬部とされていたものを本姓に復し位階も授けられ、忍坂女王も復権した。この事件が、果たして本当に冤罪《えんざい》であったのか、あるいは実際に呪詛があったのかは闇の中である。

都を流れる川に髑髏が転がっているというのも当時の喪葬の実態を考えると恐ろしいものがあるが、その髑髏を拾ってきて呪いに用いるというのも甚《はなは》だ不気味な話である。

なお、不破内親王は内親王に復帰した後に、再び子である氷上川継の乱に連座して淡路国に配流され和泉国に移されたという記録があるが、その後の消息は不明である。

用語集

厨 ※1 >>>P22
炊事場・台所のこと。厨女とすることで、調理場で下働きをするような卑しい身分の女を意味する。

『水鏡』 ※2 >>>P23
平安時代後期の歴史物語。神武天皇から仁明天皇までの天皇の事跡を述べたもの。

藤原百川 ※3 >>>P23
732～779年。藤原不比等の3男宇合（うまかい）の子。この家系を藤原式家と称する。百川は、称徳天皇が没すると、光仁天皇擁立に尽力し、さらに皇太子に山部親王（桓武天皇）を立て、政権を藤原氏が掌握する礎を築いた。背景には、天武天皇系の井上内親王―他戸親王と、天智天皇系の光仁天皇―山部親王の皇位をめぐる政争があったと見られる。

FILE 4

井上《いのえ》内親王呪詛事件

『続日本紀』宝亀三年（七七二）三月癸未条によると、聖武天皇の第一皇女であり、光仁《こうにん》天皇の皇后であった井上内親王が「巫蠱」の罪で皇后の位を廃せられた。続いて、井上内親王と光仁天皇の皇子である皇太子の他戸《おさべ》親王も廃太子される。代わりに皇太子となったのが、他戸の異母兄弟で後に桓武《かんむ》天皇となる山部《やまべ》親王であった。

女官である裳咋足嶋《もくいのたるしま》が謀反を自首したことにより事件は明らかとなったのだが、自首した足嶋は罰せられるどころか、褒められ位階を授けられる。一方、粟田広上《あわたのひろかみ》・安《あ》都堅石《とのかたし》女《め》は自首しなかったことで罰せられた。『水鏡《みずかがみ》』※2によれば、皇后が「まじわざ」をして「御井」（井戸）に入れさせたところ、ある人が取って宮中に持ってきたため皆の知るところとなったとある。事が露見した後も、皇后は「巫ども」を召し寄せて天皇を「呪詛」しようとしたが、巫が自白したために皇后と皇太子は放逐されることとなった。

さて、この事件、不審な点が多い。まず、なぜ井上内親王は夫である光仁天皇を呪詛しなければならなかったのか。息子の他戸親王が皇位につくのは既定路線であるから、わざわざ事件を起こす必要はない。

後世に編纂《へんさん》された書物には、天皇と皇后が賭けをして、もし天皇が勝ったら絶世の美女を紹介してもらう、負けたら皇后に若くて逞《たくま》しい男を与えると約束し、賭けでは皇后が勝ったため山部親王を与えたところ、皇后が親王に夢中になったためである（『水鏡』）とも、他戸親王は井上内親王の実の子ではなかった（『一代《いちだい》要記《ようき》』）などという所伝もあるが、信憑性に欠けるし、天皇呪詛の要因としては不自然である。

井上内親王にしても、皇后位を奪われるだけで、それ以上の罰を受けた形跡は見られない。天皇の生命を奪うような行いは律によれば八虐《はちぎゃく》のうちでも最も重い罪である謀反に相当し斬首刑である。なぜであろう。

やはり、当時の政治的な争いが背景にあり、他戸親王を皇位につけさせまいとした勢力がこれを引きずり下ろすために井上内親王をまずターゲットとしたと考えるとすっきりする。そうなると、事件の結果一番得をした人物が黒幕ということになるが、それは山部親王＝桓武天皇であったということになるであろう。

そして、背後には山部親王立太子《りったいし》に尽力し、今回の呪詛事件でも活躍した藤《ふじ》原《わらの》百川《ももかわ》※3をはじめとする藤原式家《しきけ》の影がちらほらするのである。

FILE 5

井上内親王 二度目の呪詛事件

宝亀四年（七七三）、光仁天皇の同母姉である難波《なにわ》内親王が薨去《こうきょ》する。すると、井上内親王が呪詛し殺害したのだという嫌疑をかけられる。この結果、内親王と子の他戸親王は幽閉され、二年後に幽閉先で亡くなった。親子同日に亡くなるというのも不審であるので、あるいは暗殺された可能性も否定できない。

この事件も、その真相は記録に残らず、闇の中である。

そこまでして、井上内親王や他戸親王を追いやろうとしたのはなぜだったのだろうか。

この事件で悲運のうちに亡くなった井上内親王・他戸親王は、怨霊《おんりょう》としておそれられ、頻発する天災は怨霊の祟《たた》りだとされた。このため、光仁天皇の宝亀八年（七七七）には遺骨を改葬させ墓を御墓と追称し、それでも収まらなかったのか、桓武天皇の延暦《えんりゃく》十九年（八〇〇）には井上内親王を皇后と追号し、御墓を山陵と追称している。さらに祟りを鎮めるため、霊安寺《りょうあんじ》や御霊《ごりょう》神社を建立している。

光仁にしても、桓武にしても、あるいはその背後の勢力にしても、よほど後ろめたいことがあったのであろう。

FILE 6

桓武天皇呪詛事件

『続日本紀』天応《てんおう》二年（七八二）三月戊申条によると、三方《みかた》王、山《やまの》上《うえの》朝臣船主《ふなぬし》、弓削《ゆげ》女王の三人が乗《じょう》輿《よ》を「厭魅」した罪で、死罪となるところを、三方、弓削は日向国へ、船主は隠岐国へ配流となり、その他これに与《くみ》した者たちもそれぞれ罰せられた。

乗輿というのは、天皇というのを憚ってその乗り物である輿と表現することである。すなわち天皇を呪詛した事件ということになる。三方王は天武天皇の皇子である舎人親王の孫にあたり、藤原仲麻呂（恵《え》美押《みのおし》勝《かつ》）の乱の後に位階を剥奪されていたものが復権していた者で、弓削女王はその妻である。山上朝臣船主は神護景雲改元の際に、陰陽寮《おんみょうりょう》官人として昇叙に預かり、その後、陰陽頭、天文博士となる人物である。さらに、この三方王・弓削女王・山上船主らはいずれも氷上川継の乱で処罰された人物である。

氷上川継の乱とは、天応二年閏正月に不破内親王の子である氷上川継の資人（護衛や雑役の官人）であった大和乙人が密かに武器を帯びて宮中に侵入したところを捕らえられ、川継謀反を自白したため、川継は逃亡したものの捕らえられ死罪に当たるところ罪一等を減じられ伊豆国に配流され、関係者も多数処罰された事件である。三方王は川継の乱では日向介への左遷であったが、今度の呪詛事件を受けて流罪となった。また船主も乱では隠岐介への左遷であったが、呪詛事件で同国への流罪となるなど、両人とも左遷から流罪へと、より厳しい処遇に遭うことになる。

当然ながら、乱と事件は連動したものと考えられ、しかも、船主が陰陽寮官人であるとともに天文の知識も有していたことからも、陰陽道による呪詛の実行犯的役割を担ったことが想像できる。

桓武天皇をめぐる王統

天智38
　大友皇子（弘文39）
　天武40
　持統41
　施基（志貴）皇子
　元明43
　文武42
　元正44
　草壁皇子
　藤原不比等
　舎人親王
　新田部親王
　淳仁47
　麻呂
　宮子
　湯原親王
　榎井親王　神王
　壱志濃王
　県犬養広刀自
　浜成
　光明子
　聖武45
　高野新笠
　塩焼王
　孝謙46（称徳48）
　不破内親王
　井上内親王
　光仁49（白壁王）
　女
　氷上川継
　他戸親王
　旅子
　吉子
　早良親王
　桓武50（山部親王）
　乙牟漏
　伊予親王
　淳和53　嵯峨52　平城51

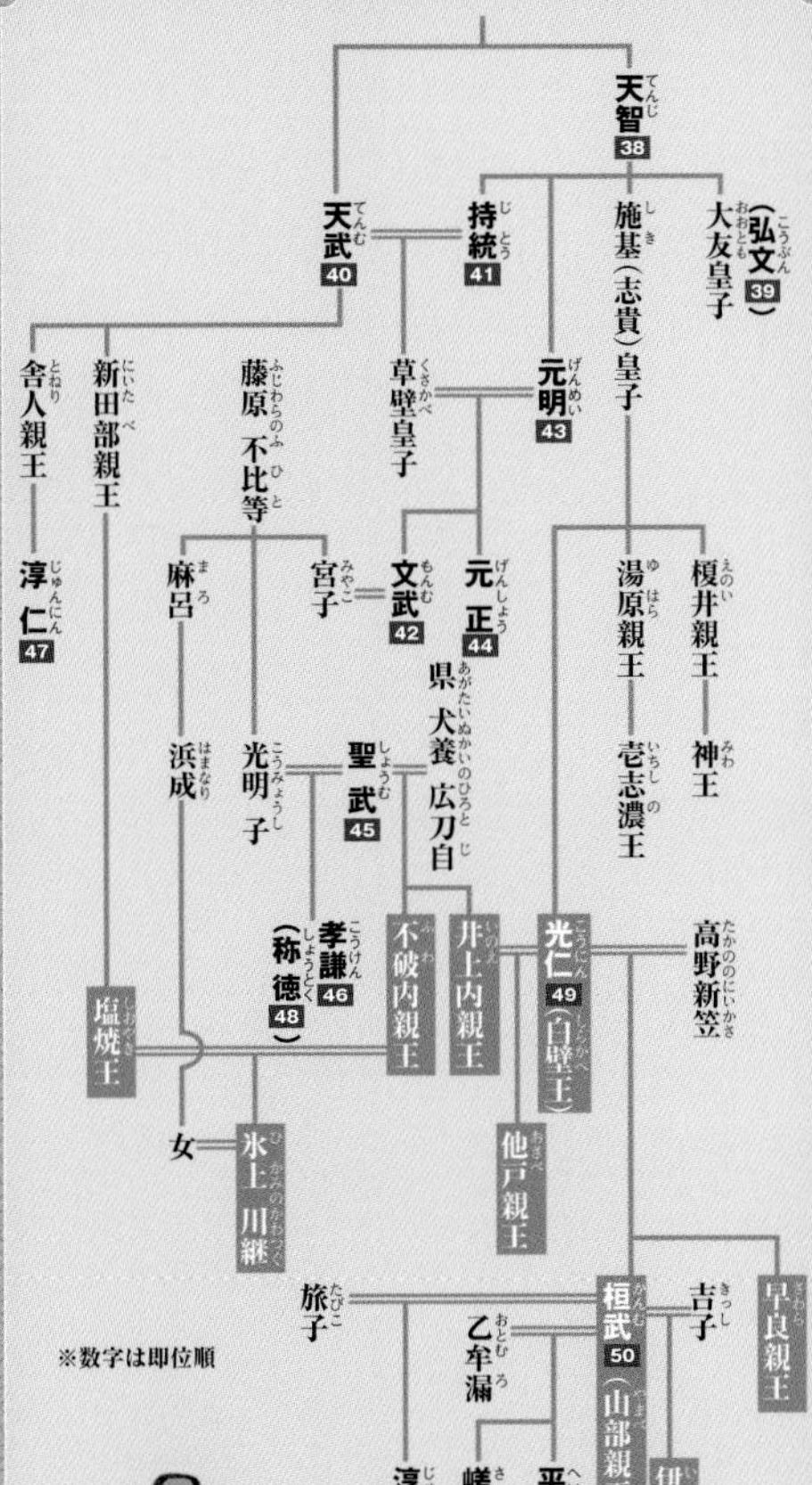

※数字は即位順

奈良時代を通じて天武系が占めていた王統が、称徳天皇の死によって途切れ、天智系へと変わった。井上内親王や他戸親王の周辺に、呪詛などの不穏な事件が相次ぐのはちょうどそういう時代である。

平安時代呪詛事件ファイル

摂関《せっかん》家の主導権争いを経て、藤原道長《ふじわらのみちなが》とその子孫たちが全盛を見た摂関政治時代、謎めいた呪詛事件がしばしば起こった。権力者のところには、富と栄華のほか、人びとの「呪い」も集まったのかもしれない。

FILE 1 藤原伊周《これちか》の道長呪詛事件

『百錬抄《ひゃくれんしょう》』長徳《ちょうとく》元年（九九五）八月十日条によると、右大臣藤原道長[※1]を「呪詛」した陰陽師法師は高階成忠《たかしなのなりただ》の家にいたが、事件は内大臣藤原伊周の仕業であったという。

伊周は藤原道隆《みちたか》（兼家《かねいえ》の子）の子で、一条《いちじょう》天皇の皇后である定子《ていし》の兄にあたる。道長は兼家の子であるから、伊周はその甥《おい》にあたる。兼家没後、道隆がその後継として摂関となり、娘の定子を皇后とするが、道隆が没するとそのあとを継いだ弟の道兼《みちかね》はわずか七日で没してしまう。これをきっかけに、摂関家の主導権争いから伊周と道長の間での争いごとが相次ぎ、件の呪詛事件の噂がささやかれるようになるのである。

なお、高階成忠は道隆の妻の父、すなわち舅《しゅうと》である。成忠は東宮学士（皇太子の家庭教師役）を務めるなど、学才の高さで知られ、娘の産んだ定子が一条天皇の中宮となったことから、高階氏として初めて公卿《くぎょう》まで出世した人物であった。

FILE 2 長徳二年の呪詛事件（長徳の変）

用語集

藤原道長　※1 >>>P26

966～1027年。兄が相次いで疫病で没し、後継を巡って甥の伊周を退けて政権を掌握。天皇の外戚として、藤原氏の全盛時代を確立した。現存する世界最古の直筆日記である『御堂関白記』はユネスコ記憶遺産。

藤原実資　※2 >>>P27

957～1046年。有職故実（朝廷の行事や諸制度）に詳しい高官。道長全盛期にあって、冷静に筋を通す政治を行った。日記『小右記』は当時の貴族社会を知る貴重な史料。

※2藤原実資《さねすけ》の日記『小右記《しょうゆうき》』長徳二年（九九六）三月二十八日条によると、実資が女院（東三条院＝藤原詮子《せんし》）に参って、道長に謁《えつ》すると、院は昨日から病がきわめて重いということであった。また、誰かが呪詛したとされ、寝殿の床下から「厭物《えんもつ》」が掘り出されたということだ。

藤原詮子は兼家の娘で道長の姉に当たる。しかも一条天皇の母親である。道長の後ろ盾として伊周を圧迫する立場であった。

この年には、伊周と弟・隆家《たかいえ》が色恋沙汰から花山《かざん》法皇に矢を射かけるという事件を起こしており、伊周は大宰権帥、隆家は出雲権守に左遷され、一方、道長は左大臣へと昇進する。この時の事情を藤原実資は『小右記』で、花山法皇を射る事、女院を呪詛する事、私に大元法《だいげんほう》を行う事による左遷だと記し、『栄花《えいが》物語《ものがたり》』でも「太上天皇を殺し奉らむとしたる罪、御門の御母后を呪わせ奉りたる罪、公家よりほかの人いまだ行わせざる大元法をわたくしにかくして行わせる罪による」とする。

大元法（大元帥法《だいげんすいほう》）とは、大元帥明王を本尊とする真言密教の呪術の一つで、怨敵調伏《ちょうぶく》・国家安泰を祈る修法《しゅほう》であり、宮中でのみ修されることが許されるものであった。

さらに、大赦によって伊周・隆家が復権すると、今度はこの兄弟が道長暗殺を企てているという噂が広がるのである。

藤原道長関係系図

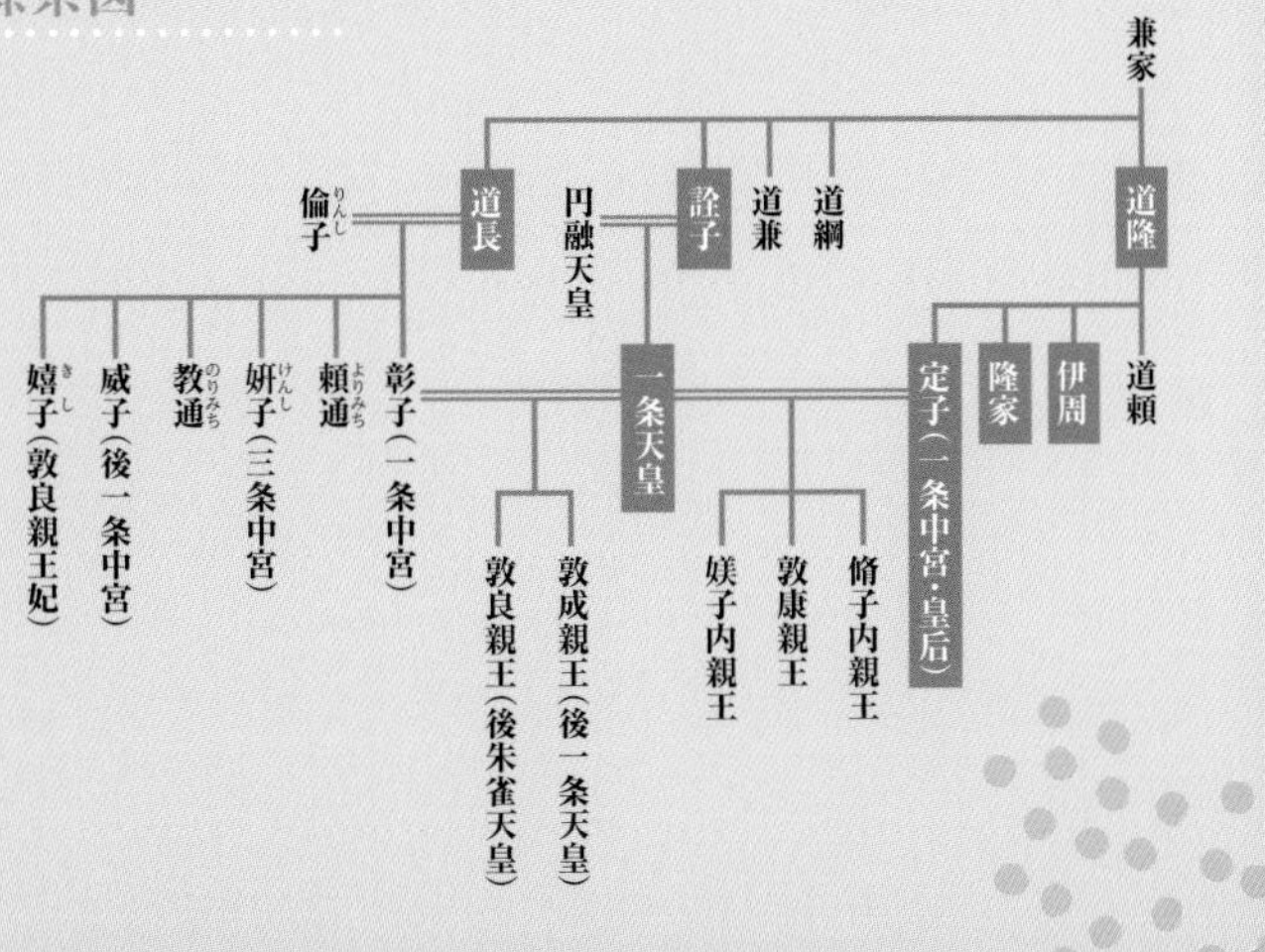

道長は、三人の娘（彰子・妍子・威子）を相次いで立后させ、三代の天皇の外戚としての地位を確立した様子がわかる。その盤石なまでの最高権力者の周辺に、呪詛事件がうごめくのである。

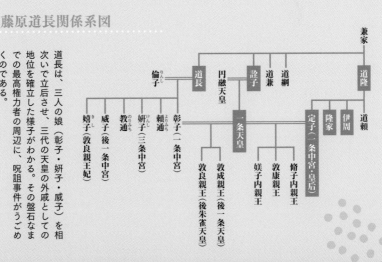

FILE 3

寛弘《かんこう》六年の呪詛事件

寛弘六年（一〇〇九）には中宮彰《しょ》子《うし》と一条天皇の間に生まれた皇子敦《あつ》成《ひら》親王、及び道長に対する呪詛事件が発覚し、伊周の叔母にあたる高階光子《みつこ》が罰せられ、伊周は朝参を止められるという事態となる。この事件に関しては『日本紀略《にほんきりゃく》』『百錬抄』のほか、『政事要略《せいじようりゃく》』に詳細な記録が残されている。すなわち、実行犯として捕らえられた僧・円能《えんのう》らへの尋問記録である。円能の証言をまとめると、

●伊予守佐伯公行の妻で宣旨と呼ばれる人（高階光子）の依頼を受けて呪詛を行った。

●中宮、若宮、左大臣がいる限り大宰権帥（伊周）は不遇であるから。

●最初に話を持ってきたのは、民部大輔源方理《かたまさ》である。

●「厭符《えんぷ》」は二枚。一枚は宣旨に渡し、一枚は方理に渡すため自宅に持っていったが、留守だったので彼の妻に預けた。

●褒美《ほうび》に紅花染袿《うちき》一領をもらった。宣旨からは絹一疋をもらった。

●宣旨の家に出入りしている陰陽師の道満法師《どうまほうし》が「厭符」のことを知っていたかもしれない。

●宣旨と方理が共謀していたかどうかはわからない。

また、円能の弟子の証言も記録されている。

●妙延：何も知らない。童部（絲丸）に絹一疋を持たせて帰ってきたのは見た。

●絲丸：「厭符」のことは知らない。禊祓をした褒美として宣旨の家から絹一疋を持って帰ったことはある。女が紅花染衣を持参したのは見た。誰からのものかは知らない。

とある。円能については、僧ということだが、「厭符」、つまり呪いの札を作ることができる知識を持ち合わせていたことになる。また、陰陽師の道満の姿が見え隠れするが、どのような役割を果たしたかは不明である。

捜査の結果、先に述べたように高階光子は罰せられ、伊周は朝参を止められるのであるが、ほどなくして伊周は赦《ゆる》されてしまう。光子のその後はわからない。

FILE 4

藤原為任《ためとう》による道長呪詛事件

藤原実資の日記『小右記』長和《ちょうわ》元年（一〇一二）六月十七日条によると、民部大輔藤原為任が五人の陰陽師に道長を呪詛させるという落書が見つかったという。これに対して、実資は道長には一生の間のこのようなことが絶えず起こる、悲しいことだという感想を書き記している。

藤原為任は三条天皇の皇后である娍子《せいし》（皇太子敦明《あつあきら》親王の母）の異母兄で、娘・妍子を三条天皇の皇后とすることを画策していた道長と対立関係にあった。後に三条天皇が崩御すると、敦明親王は皇太子を辞退し代わりに即位したのが道長の娘・彰子が産んだ敦成親王＝後一条天皇である。道長は皇位を譲った形になる敦明親王に報いるため、小一条院の尊号を贈るとともに自らの娘である寛子を妃とした。

ところが、敦明親王には既に妻として藤原延子《えんし》（左大臣顕光《あきみつ》の娘）がいたため、延子は悲嘆のあまり世を去ることとなり、父・顕光も間もなく亡くなってしまう。その後、寛子が病死し、嬉子、妍子といった道長の娘たちが相次いで亡くなると、延子と顕光の怨霊の祟りだと恐れられた。落書の真相については、これ以上のことはわかっていない。

FILE 5

長和元年の呪詛事件

藤原道長の日記である『御堂関白記《みどうかんぱくき》』長和元年（一〇一二）四月十日条によると、東三条殿に「厭物」があるというので、安《あ》倍吉平《べのよしひら》に問い合わせると「厭物」だという、占わせてみても「厭物」であるという。翌日、その「厭物」を井戸から引き上げて陰陽師に「解除《げじょ》」させた、とある。

この「厭物」がどのようなものであったのかは定かでないが、井戸の中にあったことは注目される。人を呪詛する道具が具体的にわかる例は少ないが、それを置く場所については寝殿の床下であったり、井戸の中であったりする例が多い。

なお、ここに登場する安倍吉平は有名な安倍晴明の長男で、晴明同様道長に重用された陰陽師であった。

FILE 6 長和四年の呪詛事件

『御堂関白記』長和四年（一〇一五）七月二日条によると、典侍中務《ないしのすけなかつかさ》（藤原儷子《よしこ》）の宅に「厭物」を置いた女を捕らえたということであるが、これは藤原保昌《やすまさ》の元妻が行ったことであるという。

藤原保昌は道長・頼通の家政を司る家司《けいし》であり、和泉式部《いずみしきぶ》の夫で、歌人としても知られている。

FILE 7 寛仁《かんにん》元年、実資への呪詛

『小右記』寛仁元年（一〇一七）十一月十八日条によると、実資が嘲《あざけ》り笑ったことを根に持った左大臣藤原顕光が実資を呪詛する言葉を発したということを伝え聞いたのだが、世間はみな嘲弄《ちょうろう》しているのに、自分だけ呪詛されるのはどうしてだろうとある。

藤原顕光は関白兼通の子で、兼通の死後は兼通の弟・兼家とその子・道長に実権を奪われたうえに、世間では無能者として知られていた人物である。実資はしばしば顕光の儀式での不手際を『小右記』に記している。

先に述べたように、顕光の娘・延子は、夫である敦明親王が道長の思惑により天皇への道を断たれた見返りとして道長の娘を娶《めと》ったことにより、絶望して亡くなり、顕光もそのあとを追うようにして没したため、父娘が怨霊として道長一族に祟りをなしたと恐れられたと言われる。

FILE 8 治安《じあん》三年呪詛事件

『小右記』治安三年（一〇二三）十二月二十七日条によると、道長の子である内大臣藤原教通への呪詛事件が発覚した。教通の妻が男子を産んだその後、井戸の底に「呪物」が発見されたという。陰陽頭惟宗文《これむねのふみ》高《たか》によれば「厭物」であるというので、祓をして棄てた。産湯を使う井戸を狙って厭物を入れたようである。

FILE 9

永久《えいきゅう》元年、白河《しらかわ》法皇呪詛事件

藤原忠実《ただざね》の日記『殿暦《でんりゃく》』永久元年（一一一三）六月八日条によれば、奈良興福寺の僧侶経覚《きょうかく》と隆観の二人が白河法皇を呪詛したということで遠流となった。

経覚は藤原道長の孫である中納言藤原祐家の子で、隆観は大蔵卿藤原為房《ためふさ》の子である。

この年、十月には鳥羽天皇暗殺未遂事件が発生している。この事件については、当時の政権中枢の権力争いが背景にあることは間違いないが、その詳細は諸説あっていまだ定説を見ない。しかしながら、六月の呪詛事件はこの暗殺未遂事件の伏線であった可能性も考えられるのではないだろうか。

FILE 10

久寿《きゅうじゅ》二年、藤原頼長《よりなが》の呪詛事件

左大臣藤原頼長の日記『台記《たいき》』久寿二年（一一五五）八月二十七日条によると、崩御した近衛《このえ》天皇の霊が巫に憑依して、「愛宕護山天公像」の目に釘を打って呪った者がいるため失明して死んだのだと告白した。確かめると実際に像に釘が刺さっていた。愛宕の住僧の言葉により、美福《びふく》門院《もんいん》や関白忠通《ただみち》は父である前関白忠《ただ》実《ざね》やその子頼長を疑っているという。しかし、頼長自身は「天公像」については知らなかったので、祈請《きせい》などできないと主張している。

近衛天皇は鳥羽上皇と皇后美福門院との間の皇子で、わずか三歳で即位している。成年してからは病気がちであり、皇子のないまま十七歳で崩御した。すると天皇の死は、左大臣藤原頼長の呪詛によるものだという噂が広がったのであった。

背景には崇徳《すとく》上皇方と後白河《ごしらかわ》天皇方との後継争い、及びそれぞれに加担した貴族たちの権力争いがあり、頼長がまずやり玉に挙がったのであろう。そして、ここから「※1保元《ほうげん》の乱」へと向かっていくのである。

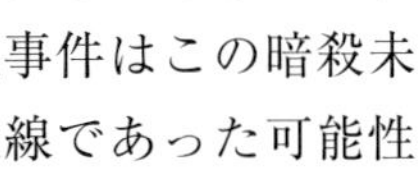

用語集

保元の乱 ※1 >>>P31

崇徳上皇と頼長、後白河天皇と忠通がそれぞれ結んで対立し、保元元年（1156）に起きた内乱。上皇側が敗れて、上皇は讃岐に流された。源平2氏の武士団が中央政界への発言力を高めるきっかけとなった。

物語に描かれた呪詛事件ファイル

平安時代から鎌倉時代にかけて、多くの説話や歴史物語が書かれた。脚色も多く、そのまま事実とは受け止められないが、そこに描かれた呪いの描写は、当時の呪術の方法をうかがわせる。

白い犬があらわれ、道長の参詣を拒んだ。『宇治拾遺物語』（江戸期刊）より。

国立公文書館蔵

FILE 1

道長の白い犬

※1『宇治《うじ》拾遺《しゅうい》物語《ものがたり》』の御堂関白ノ御犬・晴明等、奇特ノ事、によると、道長が法成寺に参詣したおり、連れていた白い犬が門をくぐるのを止めようとしたという。陰陽師安倍晴明を呼んで占わせると、法成寺の境内に呪物が埋められていることが判明する。

呪物を掘り出すと、晴明は「これを作れるのは自分の他には道摩法師だけだ」という。晴明の術により呪物を作った者が道摩法師と判明する。道摩の供述によると、依頼人は堀川左大臣藤原顕光であるということであった。

これは、先に述べた寛仁元年の事件に題材をとったものと考えられるが、ここで重要なことは、その呪物についての具体的な記載があることである。すなわち、土を五尺ほど掘ると土器を二つ合わせて黄色い紙縒《よ》りで十文字にからげたものがあった。これを開くと中には何もなく、ただ朱砂で一文字が書いてあるだけであった、というのである。

土器を二つ打ち合わせてというと、大阪府高槻市の嶋上郡衙《しまがみぐんが》跡《あと》遺跡の井戸跡から出土した土器が思い当たる。これは内面に墨書のある二体の坏《つき》（皿）で、中央に書かれた文字を取り囲むように「封」の文字が連ねてある（土器㋑）。また、もう一点には「天座大神・十二神王」と読める文字が書かれている（土器㋺）。

これらの墨書土器は、井戸を構築した際に、水に住む神を祀ってその

土器ロ
十二神王
天座大神
土器イ
北方土公水神王
南方土□水神王（逆位）
東方土公水神王
西方土公水神王
中央土公水神王

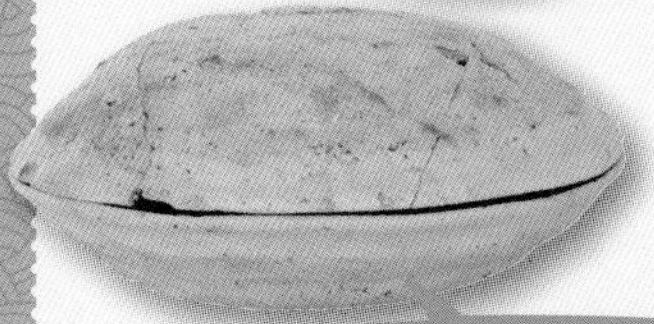
イとロの土器を打ち合わせたもの。この状態で出土した

井戸跡から出土した墨書土器

嶋上郡衙跡遺跡（大阪府高槻市）の井戸跡から出土した土器は、土器を二つ打ち合わせた形で見つかった。内側には墨で呪文と思われる文字が書かれていた。

高槻市蔵

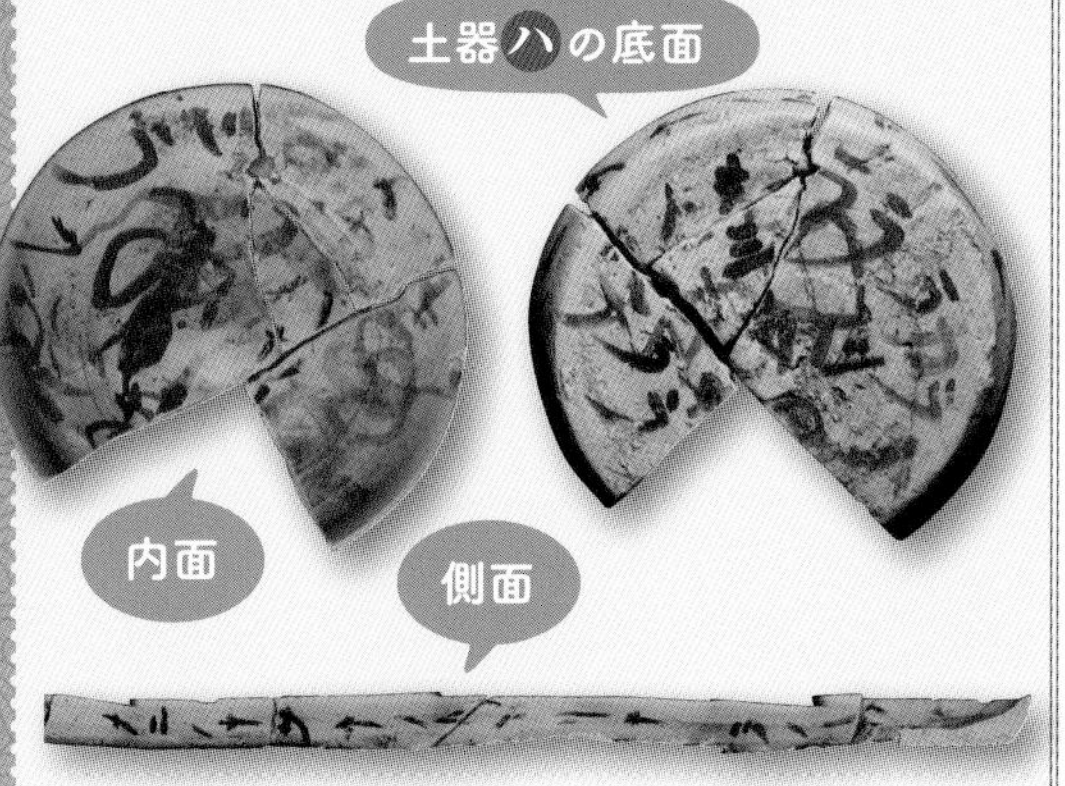
土器ハの底面
内面
側面

墨書のある土師器

二ツ割遺跡（新潟県新発田市）出土の小皿。カタカナらしき文字が内面、側面、床面にわたって書かれているが、内容は判然としない。

新発田市教育委員会蔵

怒りを鎮め、井戸の水が涸れないように祈念する祭祀に用いられたもので、陰陽五行説から導かれるものとされており、二つの皿を合口にして紐で結わえ、土器の中に神々を封じ込め、井戸に沈めたものと考えられているという。

このような土器に意味の不明な墨書のある小皿は新潟県内でも出土している（土器ハ）。新発田《しばた》市の二ツ割遺跡から出土した土師器である。こちらは、カタカナらしき文字で、書かれている内容も定かではないが、なにやら妖しげな雰囲気を醸《かも》し出している土器である。やはり何らかの呪いに用いられたのであろうか。

用語集

『宇治拾遺物語』　※1 >>>P32

鎌倉時代初期の説話集。滑稽談や民話なども収められ、「こぶとりじいさん」「わらしべ長者」などは、後に昔話として知られるようになった。

物忌でこもっている時に、敵対する者が、験あらたかな隠れ陰陽師に殺人を依頼し、ともに［　　］の家に行き、物忌中にもかかわらず門を叩き大事なことを言うからと［　　］を呼び出すが［　　］は会おうとしない。何事かと［　　］は遣戸から顔を出すと、陰陽師が呪いの言葉を発した。

［　　］はその夜から頭痛になり三日後に死んだ。物忌の時には人に会ってはいけないものだと結んでいる。

同じ話を載せる『宇治拾遺物語』では、『今昔物語集』で伏せている人名を算博士の茂助と記している。ライバルを押しのけるために、陰陽師の呪力でこれを殺害しようという事件であった。

陰陽師の呪文はそれを聞くだけで相手を殺すほどの力があると同時に、物忌の時には厳重に慎まねばならないという教訓も含まれた説話である。

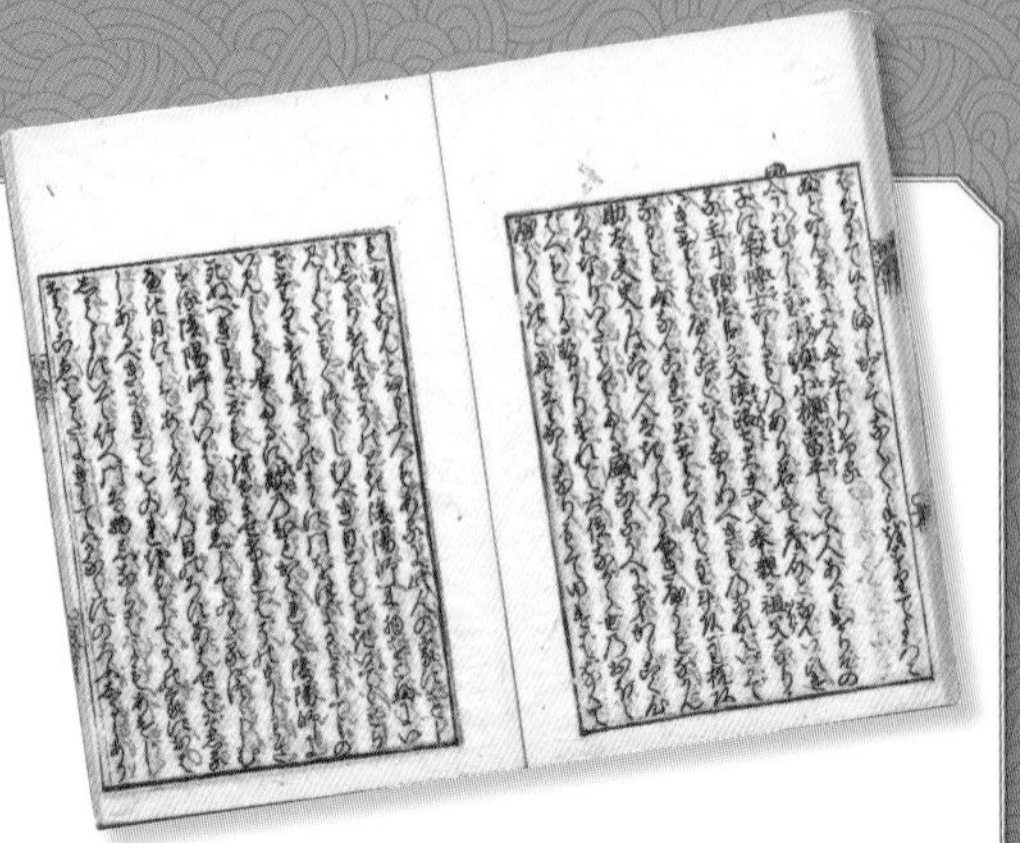

物忌の時に顔を出したばかりに、陰陽師に呪詛されたという説話。図は『宇治拾遺物語』（江戸期刊）の一節。

国立公文書館蔵

FILE 3 藤原惟成《これしげ》への呪詛

平安中期の中流貴族・藤原惟成は師貞《もろさだ》親王（後の花山天皇）の東宮学士侍読を務めるなどした後、花山天皇の信頼篤く五位蔵人に任じられ、権勢を振るった人物である。しかし、寛和二年に起こった花山天皇退位事件により失脚し出家する。

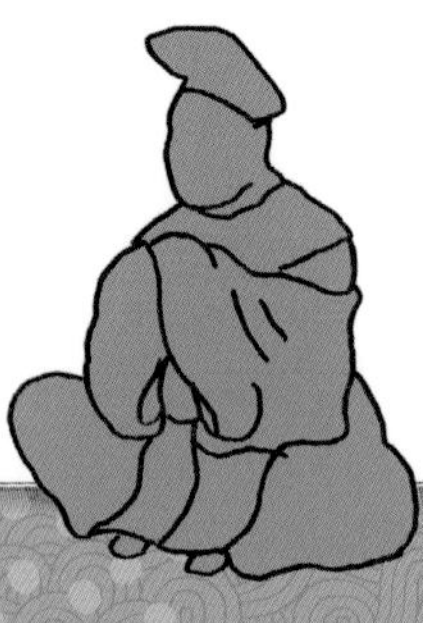

※2『古事談《こじだん》』には、この惟成に捨てられた女が貴布禰《きふね》明神に祈って呪詛したために、惟成が落ちぶれて乞食になったという物語を載せている。この女はまだ惟成が出世する前に尽くした者であったが、惟成は花山天皇が即位すると、源満仲の娘を娶り、この女を捨てたのであった。

用語集

『今昔物語集』 ※1 >>>P35
平安時代後期の説話集。日本に加え、インドや中国の説話1000話あまりを収めた、日本最大の説話集。芥川龍之介がこれをもとに『羅生門』などの小説を書いたことでも知られる。

『古事談』 ※2 >>>P34
源顕兼の手により鎌倉時代初期に成立した説話集。奈良時代から鎌倉時代初期までの説話を集めたもの。

『栄花物語』 ※3 >>>P35
平安時代後期の歴史物語。貴族社会の様相を編年体で記す。文体は『源氏物語』の影響を強く受けている。

FILE 2 陰陽師の呪文による殺人事件

※1『今昔物語集《こんじゃくものがたりしゅう》』巻第二十四以陰陽術殺人語第十八、によると、主計《かずえの》頭《かみ》小槻糸平という者があり、その子で算の先生である［　　］という者があった。この者は主計頭忠臣の父、淡路守大夫史泰親の祖父である。才能もあり、世間の評判も良いため、いずれ出世すると思われていたが、これを快く思わない者があった。

ある時、この［　　］のところで怪しいことがあったので、陰陽師に問い合わせると厳重に門を閉じて慎むべきであると占われた。このため、

FILE 4 後《ご》一条《いちじょう》天皇への祟り

『栄花物語』※3 巻第二十七には、後一条天皇の病は、天皇の弟である春宮敦《あつ》良《なが》親王（後の後《ご》朱《す》雀《ざく》天皇）の乳母が貴布禰明神に祈ったせいであるとモノノケが言ったという物語を載せている。

FILE 5 楊枝《ようじ》を使った呪詛

また、『栄花物語』には藤原道長の子である教通の妻が出産直後に亡くなったのは、帳台《ちょうだい》の下に楊枝を置く呪詛のためだという物語を載せている。

これは、前相模守孝義なる者の夢によるお告げに誰かが御《み》帳《ちょう》の御座の下を見るに、「ようじ」が置いてあるのが見えるとあったため、確認してみると確かにその通りであったということである。

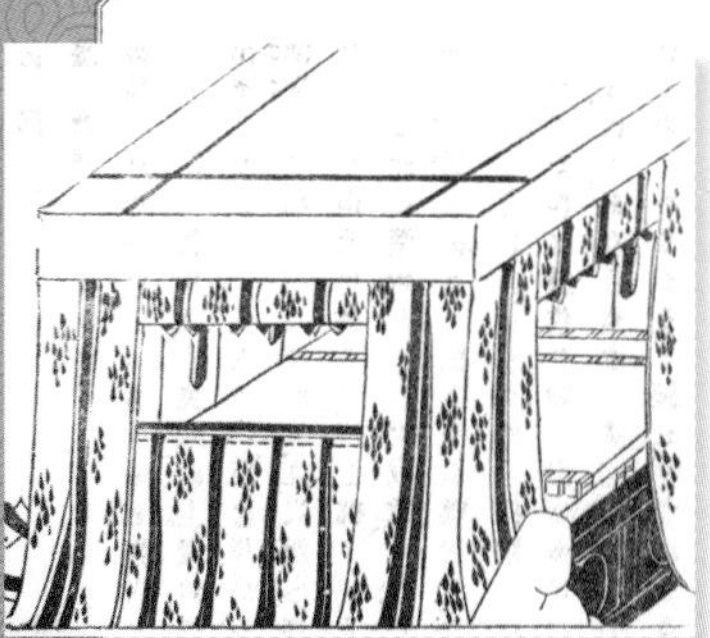

御帳（御帳台）は、貴人の寝所や座所。正方形の台の上に畳を敷き、周囲に帳を垂らした。『宮殿調度図解』より。

国立国会図書館蔵

FILE 6

算木《さんぎ》による呪詛

『今昔物語集』巻第二十四には、変わった道具を用いた呪詛の話が載せられている。

高階俊平という人物の弟で算道《さんどう》に優れた者があった。ある唐人《とう》が、算道によって病を治したり害したりする術がある、もし一緒に宋《そう》に渡るなら船中で人を殺す術を伝授するといわれ、術を学びたい気持ちから入宋の約束をして様々な術を教えられることとなった。結局周囲の反対もあって、入宋は叶わなかった。

ある時、庚申《こうしん》待ち（庚申の日に徹夜をする祭事）の女房に眠気覚ましに笑わせろと言われ、算木を取り出して並べると、女房たちは死ぬほど笑い始めた。算木を崩すと女房たちの笑いは止んだ。算道は人を殺すこともできる恐ろしいものだという。

下ノ西遺跡（新潟県長岡市）から出土した算木。下ノ西遺跡は交通の要衝に位置し、古代の官衙（役所）との関連もあると見られている遺跡である。

長岡市立科学博物館蔵

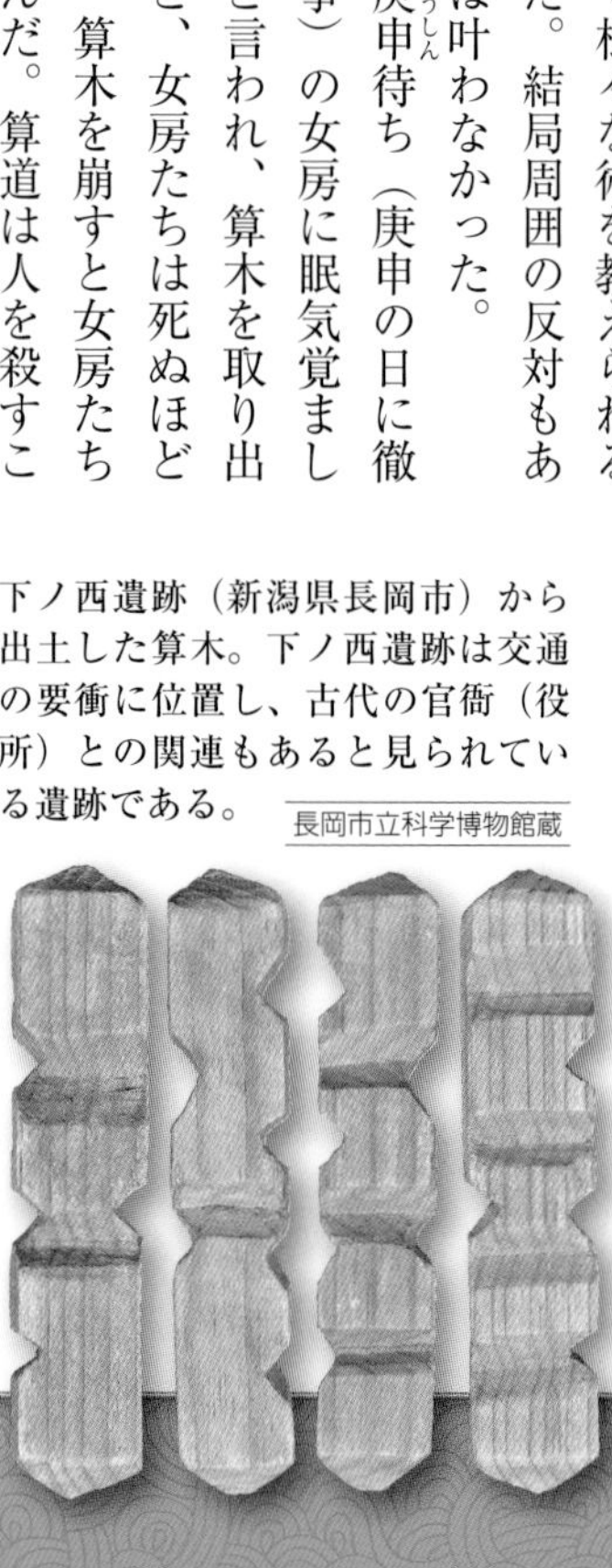

FILE 7

人形《ひとがた》を用いた呪詛

『大鏡《おおかがみ》』[※1]には、藤原元方《もとかた》の娘が村上《むらかみ》天皇との間に儲けた皇子（広平《ひろひら》親王）が次の皇太子と目されていたころ、天皇の庚申待ちのおり、藤原師輔《もろすけ》が娘の安子《あんし》と天皇との間に生まれてくる子が男であれば六のぞろ目が出て来いといってサイコロを振ったところ一度でぞろ目が出た。これを見た元方は気分を害し、後に悪霊となって現れると、その庚申の夜に師輔の人形の胸に釘を打ったと語ったという話を載せている。人形に釘を打ち付ける呪いの数少ない資料である。

人形に釘を打つ実例として、奈良平城宮跡からは、両目と胸に木釘が打ち込まれ、人名らしき墨書のある木製の人形が出土している。

なお、律の名例律《みょうれいりつ》の裏書には厭魅事の注として「或作人形、刺心釘眼、繋手縛足、欲令前人疾苦及死者」と人形の心臓や目に釘を刺したり、手足を縛ったりして人を苦しめあるいは殺害に及ぶことを例示している。

FILE 8　平《たいらの》 将門《まさかど》への人形による呪詛

平将門の乱を題材とした軍記物である『将門記《しょうもんき》』[※2]には、将門の反乱に驚いた朝廷が、将門調伏のための神仏への祈禱の際に、式盤《ちょくばん》の下に将門の形像（人形）を置いたと見える。ここで祈られる神仏は、陰陽道との習合の結果信仰された神々である。

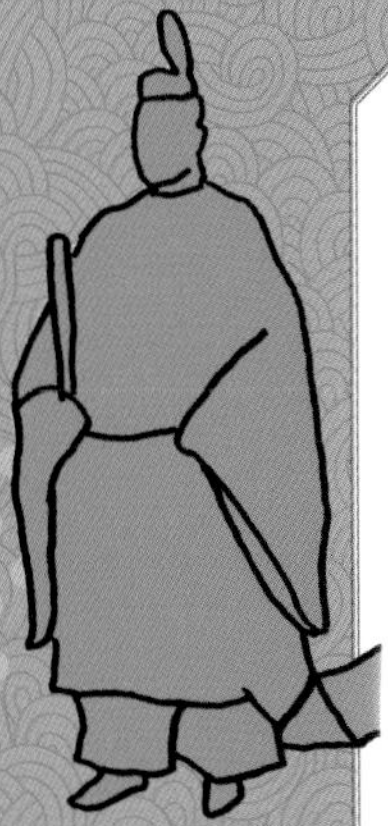

FILE 9　『保《ほう》元《げん》物《もの》語《がたり》』における呪詛

保元の乱を題材とした軍記物語である『保元物語』[※3]では、第七十五代崇徳院とその皇子の重仁《しげひと》親王が第七十六代近衛天皇（崇徳の異母弟）を、藤原盛憲《もりのり》・経憲《つねのり》兄弟が近衛天皇と美福門院（鳥羽天皇の皇后藤原得子《なりこ》）を、崇徳院が三井寺僧尼によって第七十七代後白河天皇をそれぞれ呪詛したという。

この結果、崇徳上皇・藤原頼長に近かった盛憲らは捕らえられ佐渡国へ流罪。近衛天皇崩御の後、次期天皇の最有力候補であった重仁親王は、天皇を呪詛したということから退けられ、鳥羽法皇は崇徳の弟の雅仁《まさひと》親王（後白河天皇）を即位させることになるのである。ここに後白河天皇方と崇徳上皇方との決定的な対立が生じ、保元の乱を引き起こすこととなる。

実際に干戈《かんか》を交える保元の乱の陰で、敵方を呪いによって亡きものとする呪詛合戦が行われていたとすれば恐ろしい。

用語集

『大鏡』　※1 >>>P36

平安時代後期の歴史物語。百数十歳という長寿の老人2人と若侍が問答するという形式で、藤原道長の時代を中心に歴史を叙述する。そのスタイルは後出する歴史物語に大きな影響を与えた。

『将門記』　※2 >>>P37

平安時代中期の軍記物語。朝廷に反旗を翻した「平将門の乱」（935～940年）を迫真性をもって描く。反乱鎮圧後ほどなく成立。

『保元物語』　※3 >>>P37

鎌倉時代の軍記物語。強弓の使い手である源為朝など、武士の活躍を描いた作品。

古代史における呪い

以上見てきたように、人が人を呪う行為は頻繁に行われていたと思われるにもかかわらず、信頼できる資料に記録されたものは決して多くはない。説話や物語に登場するエピソードは生々しく呪いの実態を伝える貴重な資料ではあるが、後代の脚色も考えられるので、そのまま鵜呑みにすることもできない。

呪詛のきっかけとしては、権力争いが多くを占めている。とりわけ、強い権力を持った人物にはそのような事件はついて回るのである。ほかに男女の色恋沙汰の究極の形としての呪詛も多くあっただろうが、これらはなかなか記録には残りにくい。平安時代も後半、いわゆる摂関期などには、貴族たちの権力争いも激しさを増し、また人びとが目にできない不思議な力をより強く感じるような時代になると、呪詛などは日常的に行われていたのであろう。

事件化しやすかった呪詛

直接的に手をかける刃傷沙汰に比べ、呪詛などは証拠や因果関係があいまいでも成立するのであって、冤罪をでっちあげやすいともいえる。当事者が白状するか、第三者が訴えれば、容易に事件化することができるのである。そういうことから、特に政争の手段として、呪詛を理由とする冤罪事件による政敵の追い落としが頻出しているのではないだろうか。

呪詛を企てたことが記録に残るのは権力者たちであるが、実際に実行するのは巫女であったり僧侶であったりする。これも平安時代後半以降になると陰陽師のかかわりが強くなってくる。陰陽師の本来の役割である、暦を作り吉凶を占うという行為を超えて、人びとの幸不幸を左右する術を期待されていくのである。

呪詛の対象になったり、冤罪で陥れられ恨みのうちに死んだりした人は、怨霊として人びとに祟ると恐れられていた。このような怨霊を退けるのも、陰陽師の役割とされていったのである。

第2章

呪いのかたち

——出土品から見る呪術

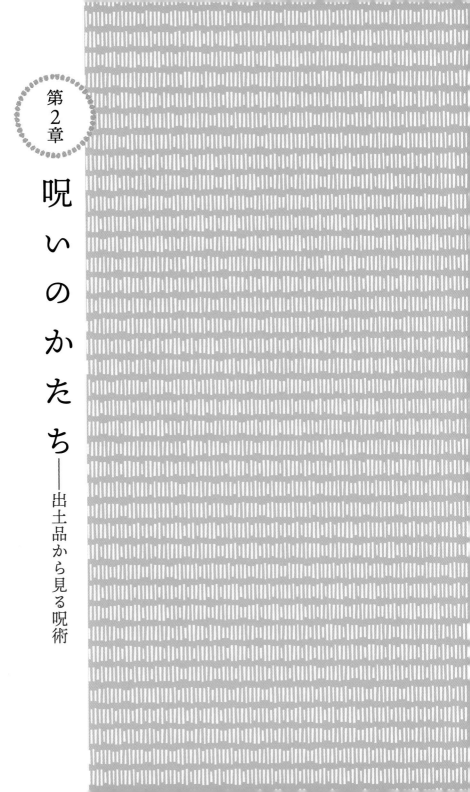

呪いは都から

昔の人がどのような方法で呪いを行っていたかについては、詳細な部分では不明な点が多い。文献に記された事柄は、その手掛かりとはなるものの、実際にそれが行われたのか、あるいは効果を発揮したのかについては確認のしようがない。

そのような中で、当時の人びとが実際に使っていたと思われる道具が遺跡から出土することがある。

各地で出土する呪いの道具

例えば、呪いの文言や記号の墨書された木札（呪符木簡）である。これらは全国的に広く発掘されることから、かなり普遍的に用いられていたと考えられる。ただし、具体的にどのような目的の呪いで用いたかということまでわかるものは少ない。

また、このような呪いの道具はしばしば河川などの水があった場所で用いられたと考えられる例が多い。いわゆる水辺の祭祀に用いられたものであろう。

現代の「流し雛」の原型とも言われる、人形《ひとがた》という人間の形をした木製品は、そこに人びとの穢《けが》れなどをこすりつけて水に流すことによって、人びとに付いた穢れを落とす「祓《はら》え」の効果をもたらしたと考えられる。

同じように、顔を描いた壺を水に流すこともあった。これは、壺の中に息を吹き入れて蓋《ふた》をすることで、壺の中に穢れを封印し、水に流すことでやはり人びとの穢れを流すことを狙ったものであろう。

都から持ち込まれた祭祀

このような祭祀は、古代にあっては都で盛んに行われていたようであるが、ほとんど同じような行為が日本各地で行われていたことが確認で

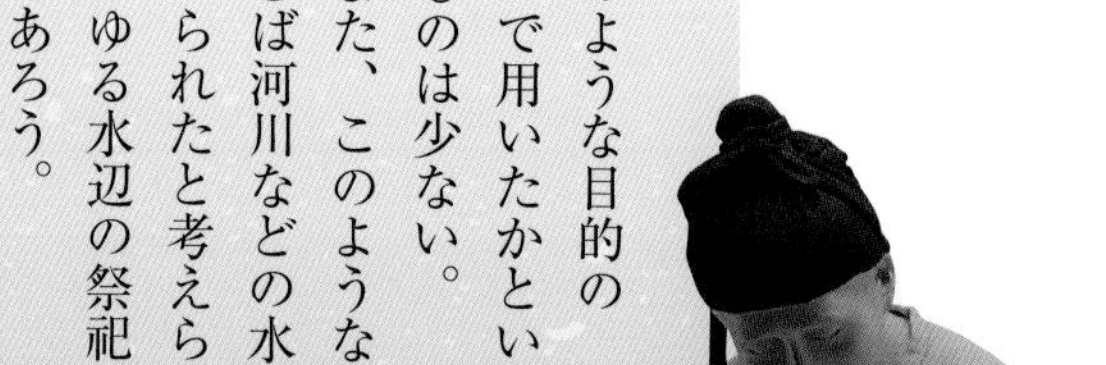

地方の役人

奈良・平安時代に、越後または佐渡で働いていた役人を想定復元したもの。彼らの監督官は、国司と呼ばれる中央から派遣された貴族であった。貴族たちは、都の祭祀やそれにともなう呪術を任地に持ち込んだことだろう。

新潟県立歴史博物館・常設展示

越後国

都

長岡京の水垂遺跡から見つかった人形。
京都市蔵

新潟県の船戸桜田遺跡の川底跡から出土した人面墨書土器。
胎内市教育委員会蔵

長岡京（京都府）の川から発掘された人面墨書土器。
京都市蔵

新潟市内の的場遺跡から出土した人形。
新潟市文化財センター提供

都と同じ、呪いの道具

各地の古代〜中世の遺跡からは、祭祀や呪いに用いられたと思われる道具が出土している。それらは、都と同じような道具であることが多く、都の文化が地方にも色濃く影響を与えていたことがうかがえる。

きる。

おそらく、都から地方に下って行った官人たちが、都風の祭祀を地方に持ち込んだのであろう。詳細に見ると、土器などは在地のものを用いていて、現地にある道具で都風の祭祀を行っていた様子がわかる。

このような祭祀が、都から来た貴族からやがて現地の人びとに広がっていったことも容易に想像できる。

次ページからは、呪術に用いられたと思われる古代〜中世の道具を、越後《えちご》国からの出土品を中心に紹介していく。越後国は、現在の佐渡島を除く新潟県の旧国名で、北陸道《ほくりくどう》の一国。都からは約六〇〇キロの距離にある。都の出土品との類似や相違についても注目してほしい。

呪文が書かれた木簡

紙よりも安価で丈夫なため、古くから文書や荷札などに使われていた木簡。
だが、実用以外の文字が書かれていることがある。
それらはまじないのための呪文であることも…。

都

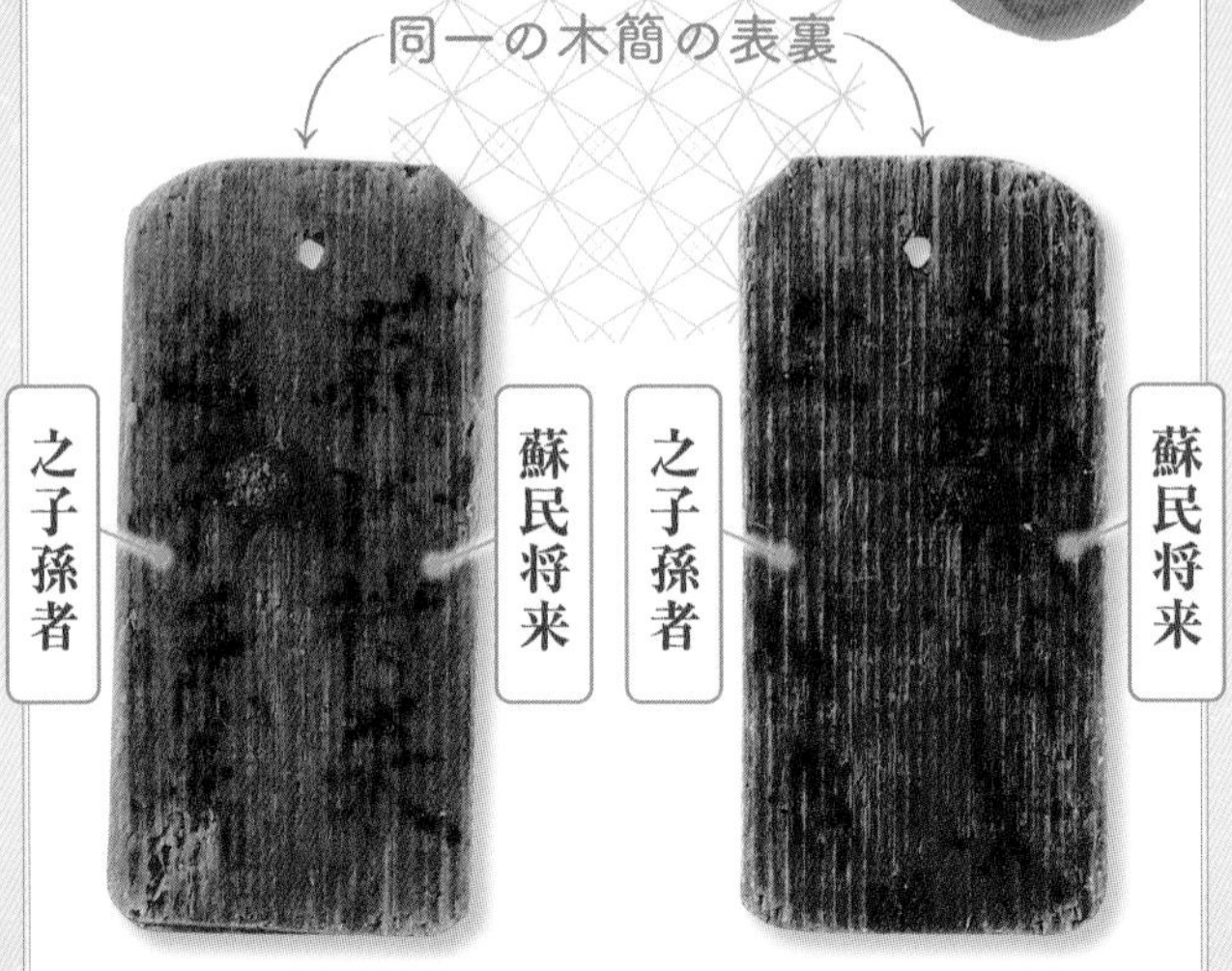

最古の「蘇《そ》民《みん》将《しょう》来《らい》」のおふだ

8世紀後半の都・長岡京（京都府）の右京六条条間南小路北側溝から出土した木簡。両面に「蘇民将来之子孫者」と墨書され、現存する最古の蘇民将来のおふだである。疫病除けに用いられたと見られる（「蘇民将来」については60ページ参照）。上部に穴が開けられており、紐などを使って身につけていたのかもしれない。

長岡京市教育委員会所蔵・提供／長岡京市指定文化財

比べてみよう、都と越後国

都は大陸や半島からの文化が真っ先に導入される地でもあると同時に、日本独自の文化を生み出す地でもある。これらの都ぶりの文化は、地方に下った役人や、地方から様々な目的で上ってきた人びとによって、各地に拡散していった。とりわけ、中央集権的な奈良時代や平安時代初期には、都の文化は色濃く地方に影響を与えたことだろう。

都で流行した様々な文化や信仰は、地方へ地方へと伝えられていった。

越後国

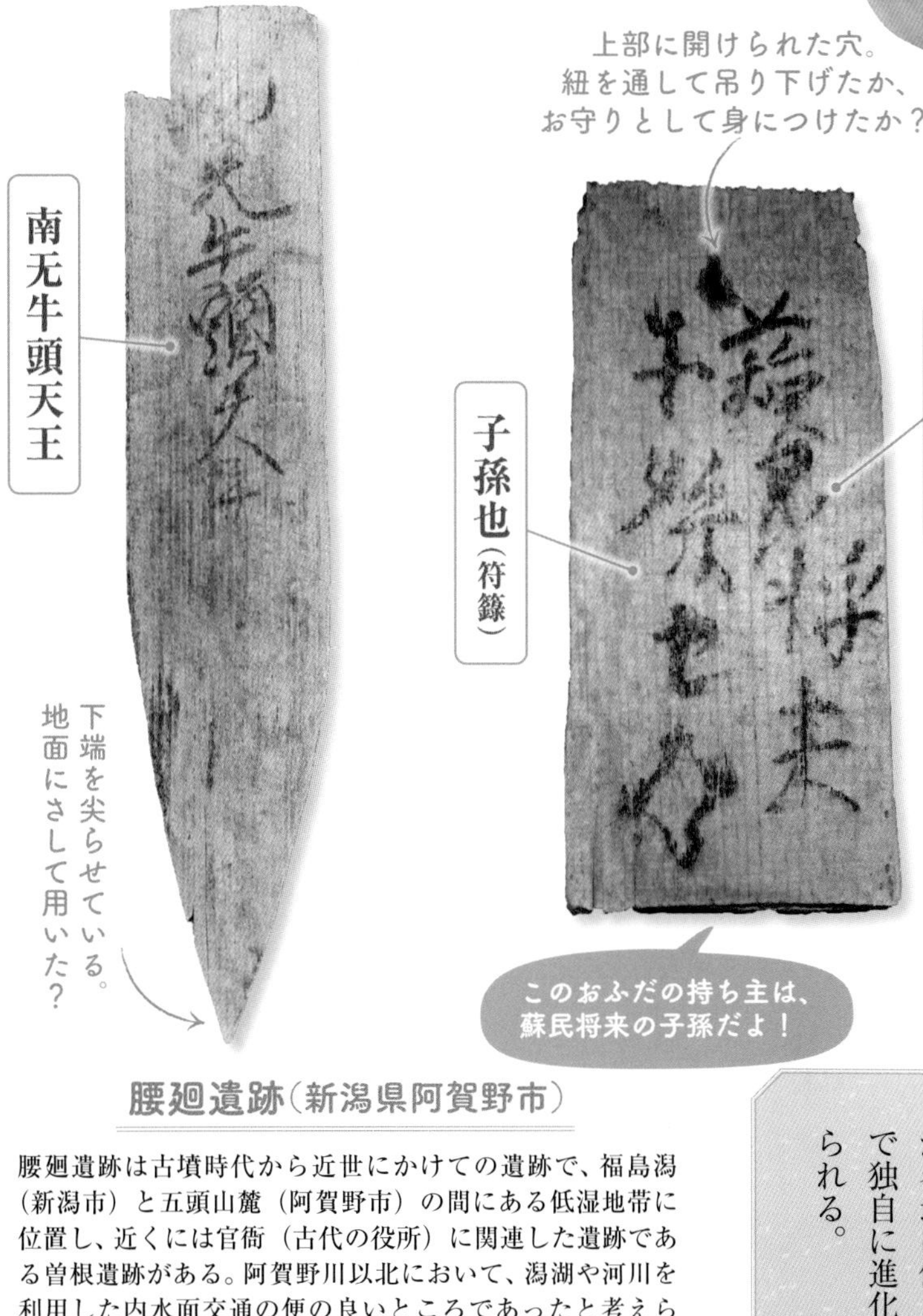
上部に開けられた穴。
紐を通して吊り下げたか、
お守りとして身につけたか？
南无牛頭天王
下端を尖らせている。
地面にさして用いた？
蘇民将来
子孫也（符籙）
このおふだの持ち主は、
蘇民将来の子孫だよ！

腰廻遺跡（新潟県阿賀野市）

腰廻遺跡は古墳時代から近世にかけての遺跡で、福島潟（新潟市）と五頭山麓（阿賀野市）の間にある低湿地帯に位置し、近くには官衙（古代の役所）に関連した遺跡である曽根遺跡がある。阿賀野川以北において、潟湖や河川を利用した内水面交通の便の良いところであったと考えられている。

木簡は中世の川跡から出土した。「蘇民将来」との文言が書かれ、上部に穴が開けられているものや、下端を尖らせ「牛頭天王（ごすてんのう）」と書かれたものがある。「牛頭天王」は、蘇民将来伝説に登場する武塔神（むとうしん）・スサノオ（素戔嗚・須佐之男）と同一視される、祇園信仰の主祭神を祀ったものと考えられる。

阿賀野市教育委員会蔵（2点とも）

おふだを使って願い事をするという行為も、おそらく都で発生したものが各地に伝えられ、それぞれの土地で独自に進化していったものと考えられる。

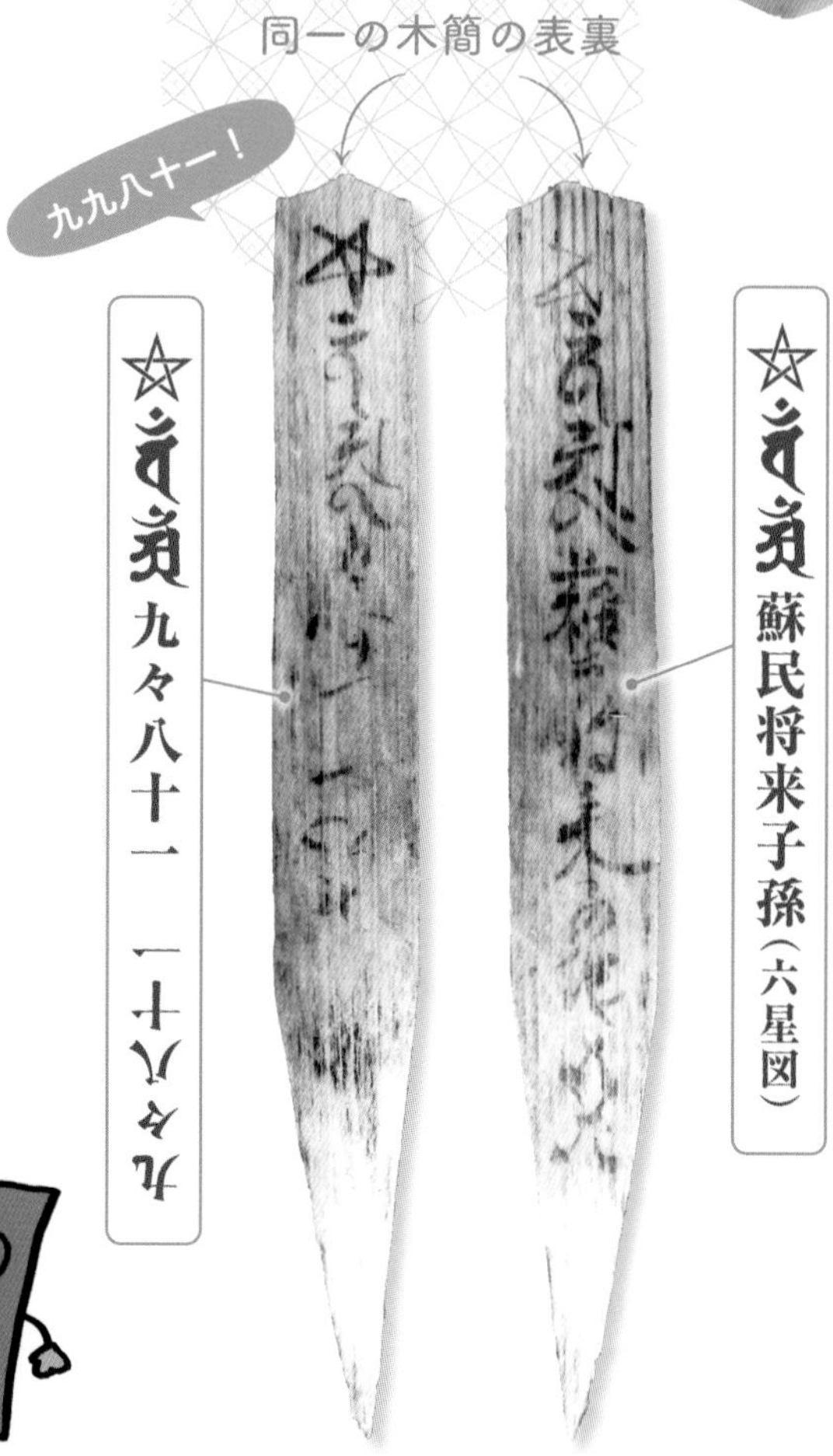

同一の木簡の表裏

九九八十一！

☆ 五芒星

梵字「バン」大日如来をあらわす

梵字「アン」普賢菩薩をあらわす

☆ 九々八十一 一十八々

☆ 蘇民将来子孫（六星図）

掛け算の練習じゃないんだね！

馬場屋敷遺跡

信濃川・中之口川にはさまれた低湿地に位置する馬場屋敷遺跡（新潟市）は、大河川の自然堤防上に営まれた、中世の集落跡と考えられている。遺跡は信濃川の氾濫によって一夜にして2mの泥の下に埋没した。遺跡からは総数52点に及ぶ木簡が出土している。

「九々八十一」は中世以降の呪符にしばしば見られる文言で、単なる掛け算の計算ではなく、呪文の一つであると考えられる。これについては、『易経』との関連、九曜の一つである木曜星を表す数字という説もある。

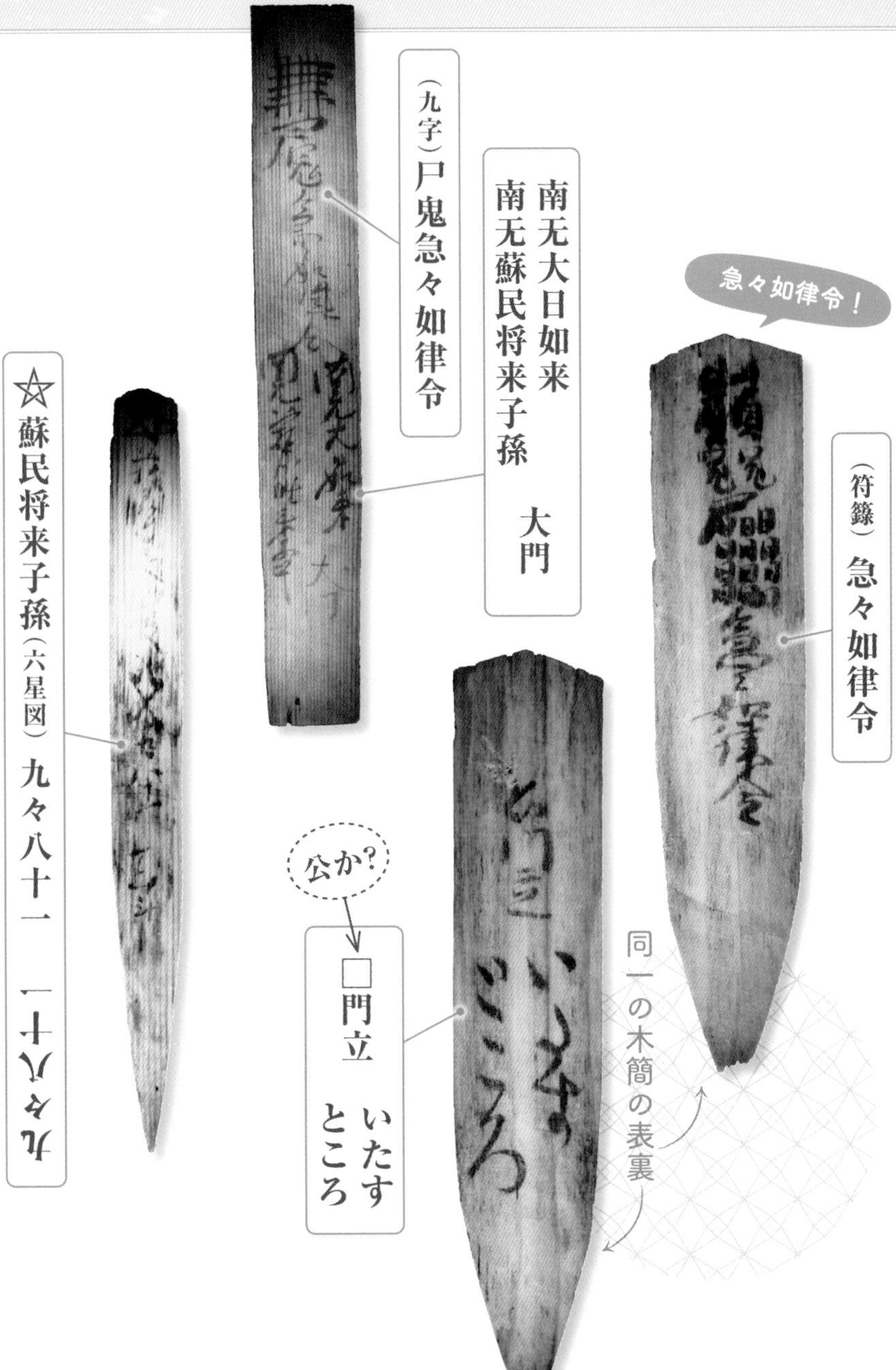

新潟市文化財センター提供（この見開きすべて）

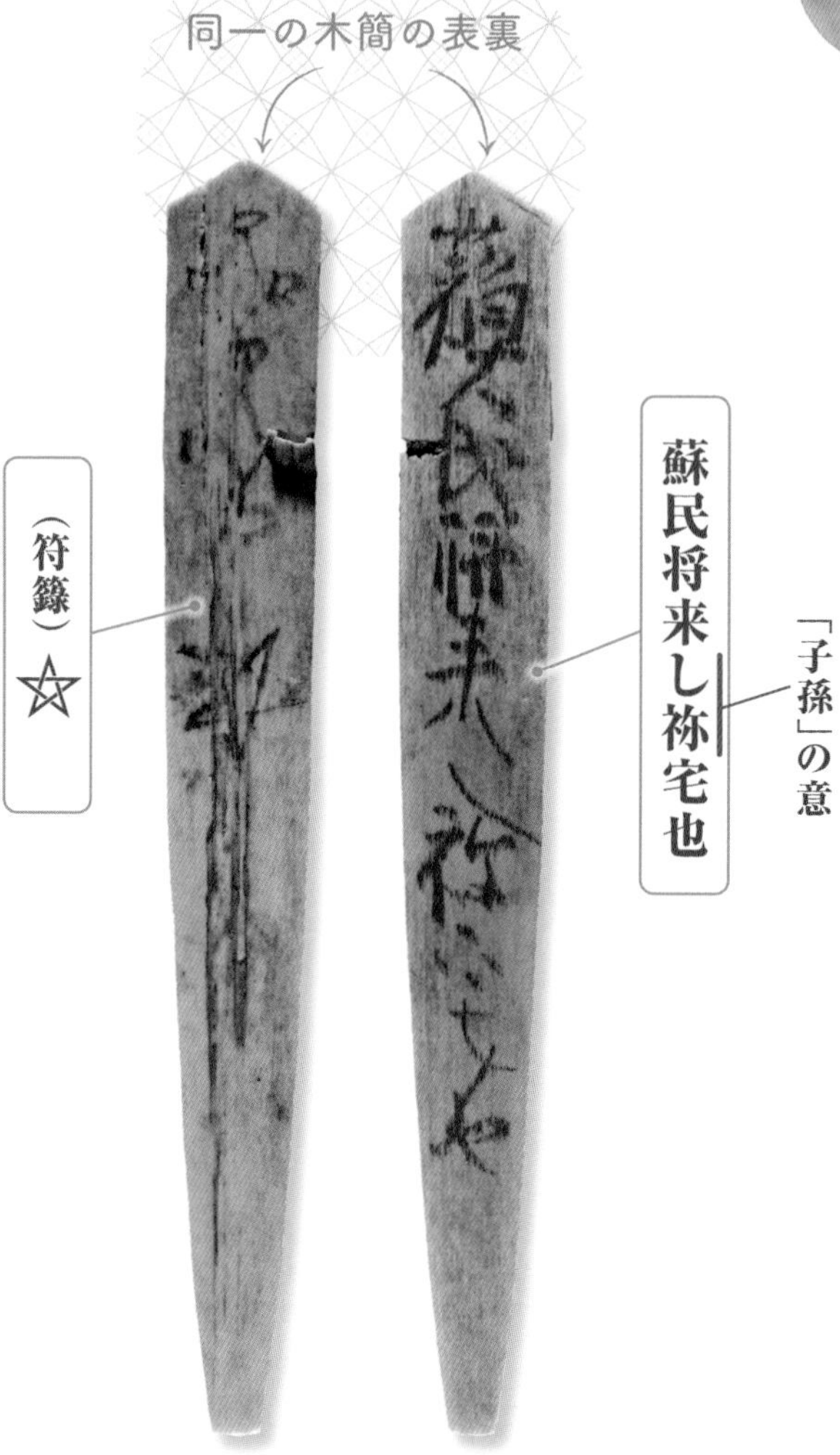
同一の木簡の表裏
（符籙）☆
蘇民将来し祢宅也
「子孫」の意

綾ノ前遺跡（新潟県三条市）

三条市月岡にある古代・中世の遺跡。木簡は井戸跡から出土し、遺跡から出土している珠洲（すず）焼などから14世紀のものと考えられている。一方の面には「蘇民将来」の文言が、もう一方の面には五芒星とそれに加えて、星の符籙が描かれている。

三条市蔵

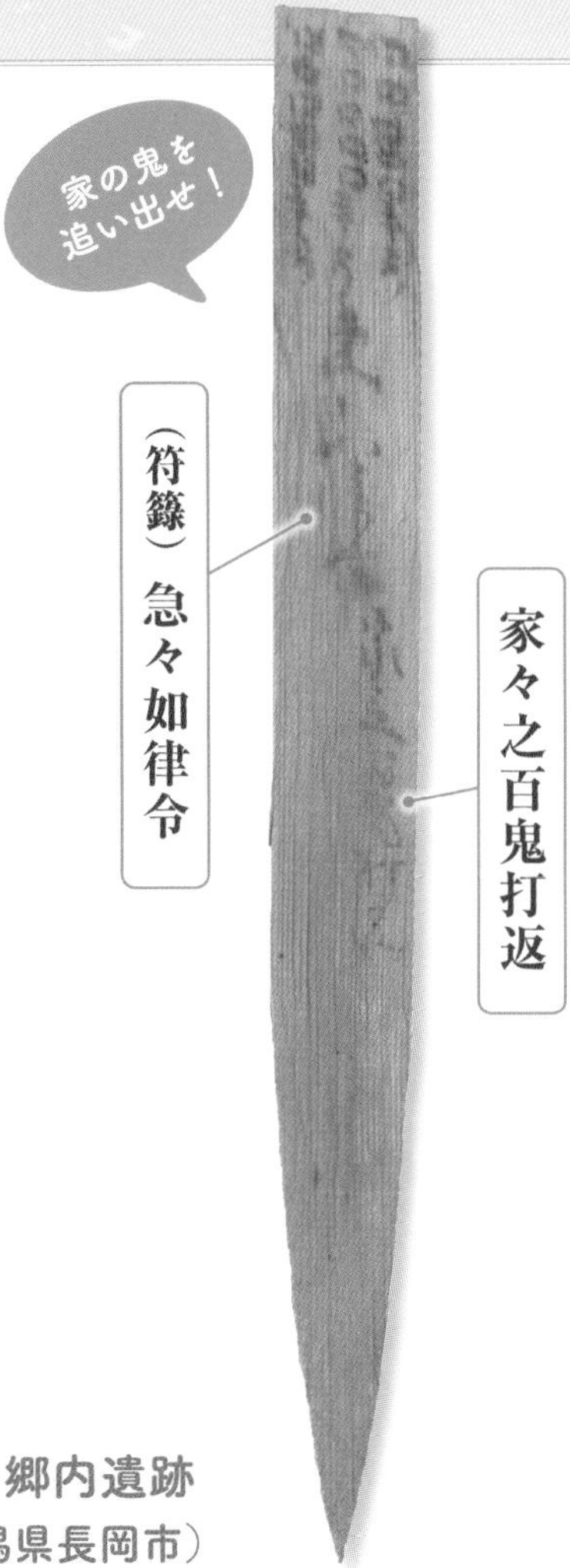
家の鬼を
追い出せ！
（符籙）急々如律令
家々之百鬼打返

山田郷内遺跡
（新潟県長岡市）

中世を中心とした遺跡で、中世には集落の外縁部に水田と鍛冶工房が営まれていた。木簡は仏具のりん、形代（舟形・馬形・刀形）、人面墨書石等の信仰にかかわる遺物とともに出土しており、当時の精神生活を知るうえで貴重なものである。「家々之百鬼打返」の文言が添えられていることから、家内にいる鬼（魔物）を追い出す、あるいは家中に入れないようにするといった目的のためのおふだであったことがわかる。

長岡市立科学博物館蔵

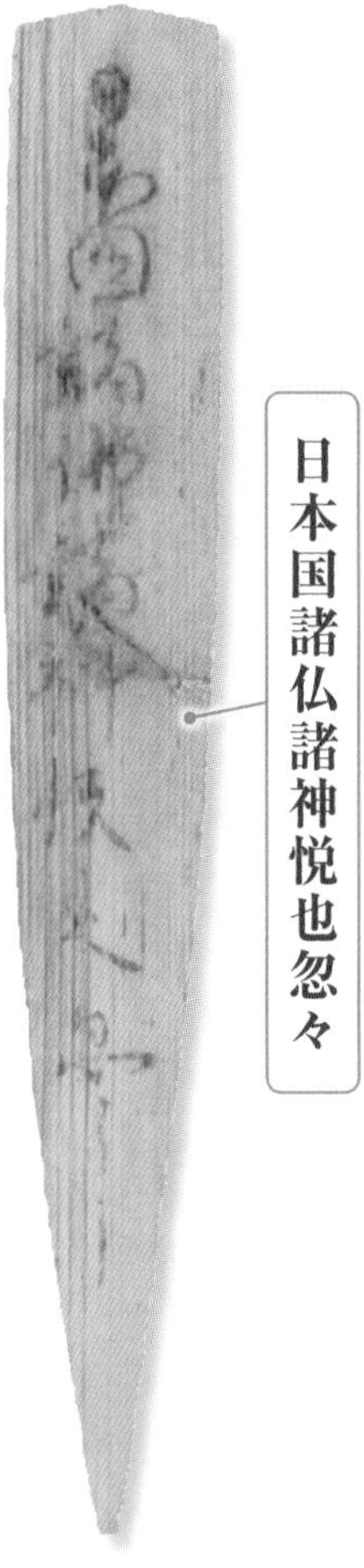
日本国諸仏諸神悦也忽々

大武Ⅱ遺跡
（新潟県長岡市）

丘陵裾部にある中世（13～16世紀）の遺跡。近くには南北朝時代の山城跡である奈良崎遺跡がある。上部を圭頭（けいとう）に整形し、下部を尖らせている。裏面には「文和三年六月十八日」と記されている。文和三年は西暦1354年にあたる。

長岡市立科学博物館蔵

都

人間の姿をした形代《かたしろ》、人形《ひとがた》

形代とは「身代わり」のこと。古代から人は罪や穢れ、災いを人の形をした形代に移して、川などの水に流した。

木製のほか、金属製、土製などが使われた。

水垂遺跡（京都市伏見区）

長岡京は延暦3年（784）に桓武天皇が遷都した都で、延暦13年（794）に平安京へ遷都するまで都として機能していた。水垂遺跡は、長岡京の東南端、左京六・七条三坊にあたる。桂川に面した低湿地帯で、穢れを祓う場所になっていたようだ。形代として用いた人形や人面墨書土器など祭祀関連遺物が、多く出土している。

京都市蔵（3点とも）／京都市指定文化財

平城京では木釘が
打ち込まれた人形も
見つかっているん
ですよ〜
ひ〜っ

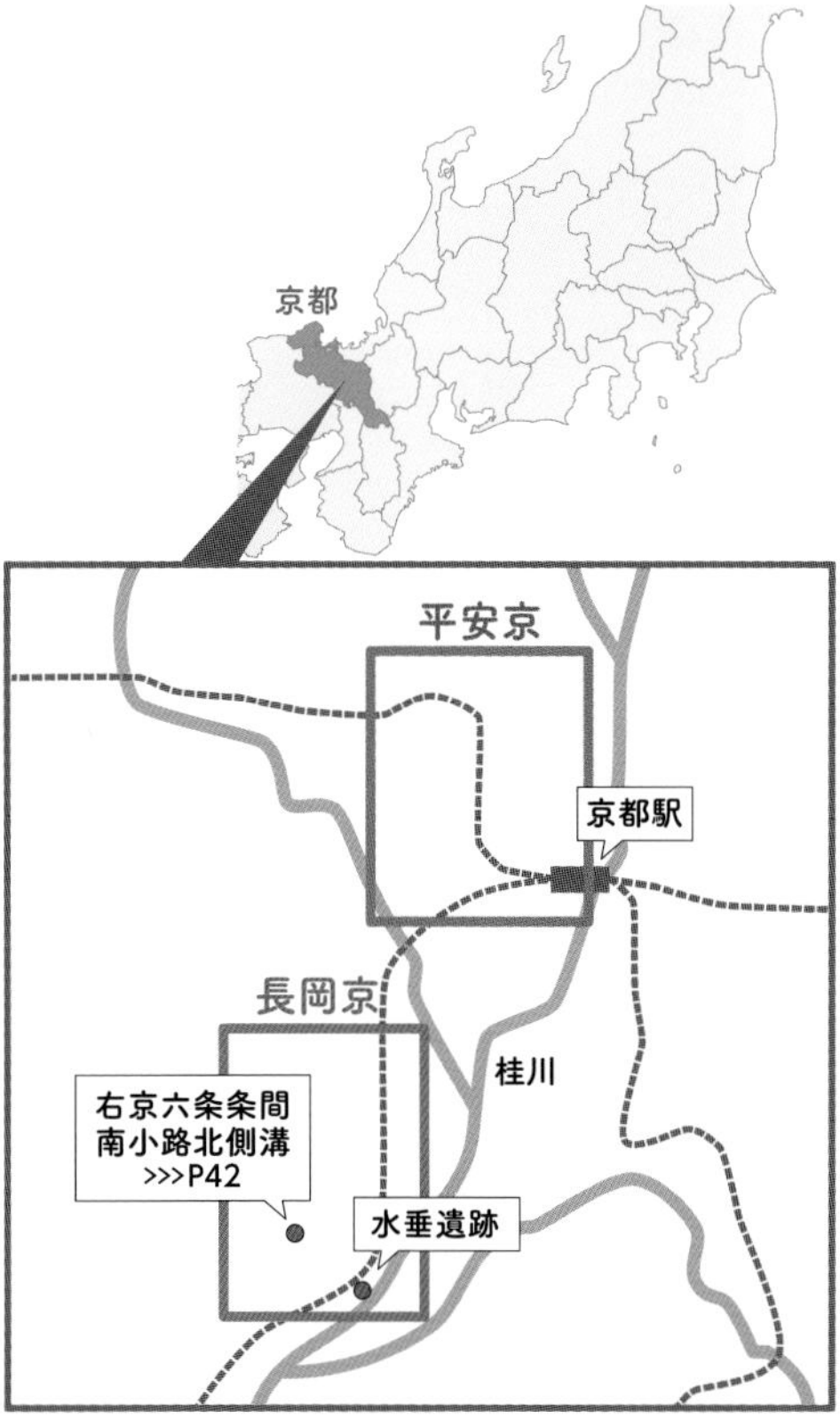
京都
平安京
京都駅
長岡京
桂川
右京六条条間
南小路北側溝
>>>P42
水垂遺跡

新潟市的場遺跡
（新潟市西区）

新潟市西区的場流通にある古代の遺跡。遺跡からはいわゆる律令的祭祀に使われた遺物が多数出土した。人間の形をした木製の人形もその一つで、人びとの罪や穢れを祓うための道具として使われていた。
的場遺跡は、大量の鮭に関する木簡や漁具などが出土したことから、官衙的な役割を持った施設であったと考えられている。おそらく、税として都に送るための鮭の漁業基地的な役割を担っていたのであろう。そこには都から越後国にやってきた役人もいたため、このような都ぶりの祭祀が盛んに行われていたものと考えられる。

新潟市文化財センター提供
／新潟県指定文化財

昔も今も、
鮭でにぎわう
町だったんだね

都

顔が描かれた、人面墨書土器

人面の描かれた土器で、人形などと同様、人についた罪や穢れを祓うための道具として使われたと考えられる。描かれている顔は、穢れを祓う本人の顔とも、鬼の顔とも言われている。

水垂遺跡（京都市伏見区）

48ページの人形と同じく長岡京跡の水垂遺跡から出土。土器は大路と小路の交差点を斜めに流れる川の下流から発見された。人面の描かれた土器は、都のみならず、全国的に出土することから、このような人面墨書土器を使った祓いは全国で同じように行われていたと見られる。

京都市蔵（3点とも）／京都市指定文化財

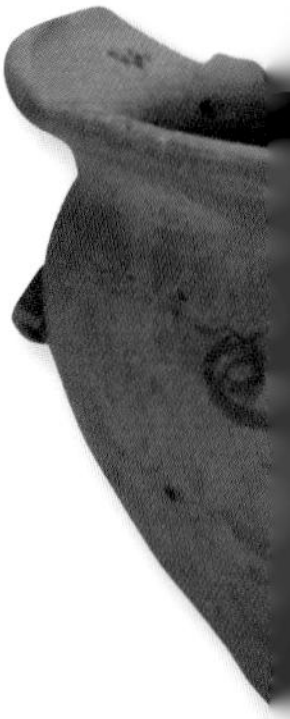

緒立C遺跡（新潟市西区）

長胴甕の二面に人面（疫神？）が描かれている。長胴甕は越後国に特徴的な土師器で、都から離れたこの地でも、都と同様の人面墨書土器を用いた祭祀が行われていたことがわかる。土器の年代は9世紀第2～3四半期と考えられる。

新潟市文化財センター提供／新潟県指定文化財

メイド・イン・越後！
エヘン

船戸桜田遺跡(新潟県胎内市)

江戸時代の干拓で消失した紫雲寺潟(しうんじがた。塩津潟とも)の潟端に位置した古代の集落遺跡。人面墨書土器は川底跡から出土した。周辺からは古代の遺跡が多数見つかっている。

胎内市教育委員会蔵

トピックス

妖怪の絵で疫病除け？

新潟県立歴史博物館蔵

福島潟の光り物

妖怪が吉凶を予言し、その姿を描いた絵を拝むと疫病にかからないという伝承からは、妖怪のような異形な者の力を借りて、疫病を追い払いたいという人びとの思いを感じることができる。

人びとは災いを除けるために様々な呪物を用いたが、難を逃れるために「妖怪」が登場することもある。

越後国福島に夜ごとに光り物が出て、女の声で人を呼ぶものが現れた。これは海中に住んでいるという。そして、当年より五か年は豊作だが、悪風のため六分の人が死ぬと予言する。難を逃れるには、我が姿を朝夕見るべしとある。

福島とは福島潟のことで、現在の新潟市北区にある潟であると考えられる。

ここには、亀の姿に人間の顔を持った亀女が現れたという記録も残されている。この亀女の記録には、寛《かん》文《ぶん》九年（一六六九）に佐渡の海から現れた亀女が「五年の間豊作だが、悪風邪のために多くの人が死ぬ。しかし、我が姿を描いて見せれば難を免れる」と告げたという話と同じだとして、福島潟に現れた亀女の姿を描いて、家内において朝夕見て悪病を避けたという。

これらの話はいずれも類似した内容であるが、似たような話は越後国のみではなく、各地に伝えられている。

例えば、弘化《こうか》三年（一八四六）には肥後《ひご》国にアマビエなる妖怪が現れ、当年より六年間は豊作だが、病が流行するのでその姿を写して人びとに見せるようにと言ったとされ、瓦版などにより江戸にまで伝えられたという。

また他にもアマビコ（尼彦、海彦）と名乗る妖怪や、紀州熊野浦で生け捕られた角のある女の顔を持った豊年亀、丹波《たんば》国に現れた件《くだん》なる、胴体は牛で顔が人間である妖獣の話なども広がっている。

世情の不安に乗じて、このような絵を悪病除けと喧伝《けんでん》して売り歩く者がいたと考えられる。

現代に続く儀式「夏《な》越《ごし》の祓《はらえ》」

これまで見てきたような、罪穢《つみけがれ》を祓いたい、人形を形代として災いを取り除きたいという思いは、決して過去のものではない。現在でも、祓の儀式は執り行われている。

茅の輪くぐり。

彌彦神社の夏越の祓

越後一宮の彌彦神社（新潟県弥彦村）では、神官による祝詞の後、茅の輪くぐりが行われる。参拝者は、配布された紙製の人形に名前などを書いて自らの罪穢をこの人形に移し、これらは集められて川に流される。

写真　新潟県立歴史博物館

古来、人びとが病になったり、不幸が降りかかったりするのは、穢れが乗り移るためだと考えられていた。また、農耕に対する不埒《ふらち》な行い及び人倫にもとる行為は、それぞれ「天《あま》つ罪《つみ》」「国《くに》つ罪《つみ》」と呼んで、これを嫌った。何か問題が起こると、この穢れや罪を取り除く（祓う）必要があった。

　宮中では臨時で行われる祓のほかに、毎年六月と十二月の晦日《みそか》には大《おお》祓《はらえ》が行われたことが、『養老令』や※1『延喜式《えんぎしき》』などから知られている。その起源は古く、『日《に》本書紀《ほんしょき》』天武五年には全国から祓物を出させて大解除を行ったと記されている。

夏越の祓の際に配布される人形と茅の輪。

夏越の祓で用いられる人形。

『延喜式』などによれば、中臣《なかとみ》※2が大祓詞《おおはらえのことば》を唱え、卜部《うらべ》※3が解除を行い罪や穢れを祓ったとある。大祓詞とは、「天津罪」「国津罪」を祓い、「銀人」（銀製の人形）を形代として災いを取り除くものである。

このうち、六月晦日の大祓は「夏越の祓」とも言われ、現代でも多くの神社で取り入れられている。この日には、茅《かや》で作った輪（茅《ち》の輪《わ》）をくぐったり、紙製の人形を川に流すなどして人びとの穢れを祓う儀式が行われる。

用語集

『延喜式』　※1 >>>P58
平安時代の法令集。律令の施行細則がまとめられている。延喜5年（905）、醍醐天皇の命により編集が開始された。

中臣　※2 >>>P59
神事・祭祀を司る古代の氏族。

卜部　※3 >>>P59
律令制の下で、神祇官に仕え、卜占（ぼくせん）による吉凶の判断を行う職。

蘇民将来に見る、信仰のかたち

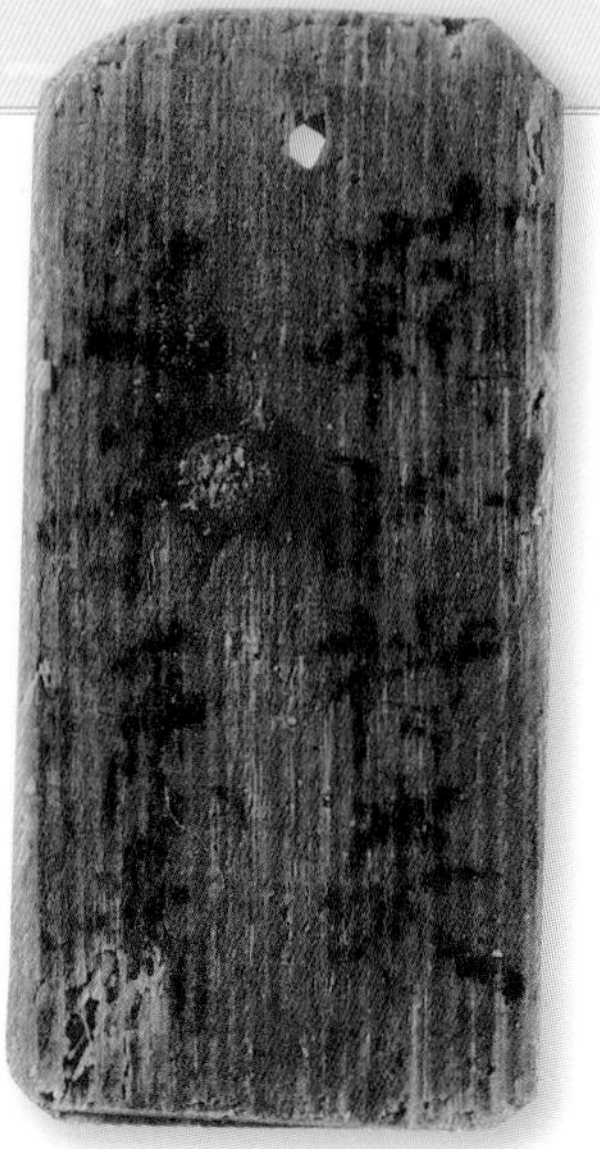

蘇民将来の最古の例

8世紀後半の長岡京（京都府）から出土した「蘇民将来」の木簡（42ページ参照）。奈良時代末〜平安時代初期にはすでに「蘇民将来」信仰が存在したことをうかがわせる。

長岡京市教育委員会所蔵・提供／長岡京市指定文化財

備後国風土記逸文の「蘇民将来」

備後の国の風土記に曰はく。疫隈の国社。昔、北の海に坐しし武塔の神、南の海の神の女子をよばひに出でまししに、日暮れぬ。彼の所に将来二人ありき。兄の蘇民将来は甚く貧窮しく、弟の将来は富饒みて、屋倉一百ありき。爰に、武塔の神、宿処を借りたまふに、惜みて借さず、兄の蘇民将来、借し奉りき。即ち、粟柄を以ちて座と為し、粟飯等を以ちて饗へ奉りき。爰に畢へて出でませる後に、年を経て、八柱のみ子を率て還り来て詔りたまひしく、「我、将来に報答為む。汝の子孫其の家にありや」と問ひたまひき。蘇民将来、答へて申ししく、「己が女子と斯の婦と侍ふ」と申しき。即ち詔りたまひしく、「茅の輪を以ちて、腰の上に着けしめよ」とのりたまひき。詔の随に着けしむるに、即夜に蘇民の女子一人を置きて、皆悉にころしほろぼしてき。
即ち、詔りたまひしく、「吾は速須佐雄の神なり。後の世に、疫気あらば、汝、蘇民将来の子孫と云ひて、茅の輪を以ちて腰に着けたる人は免れなむ」と詔りたまひき。

――『釈日本紀』所引備後国風土記逸文
（日本古典文学大系『風土記』岩波書店より）

蘇民将来という言葉をご存知だろうか。現代でも各地の寺社で頒布されるおふだなどに記される言葉なので、あるいはどこかで目にしたことがあるかもしれない。

この蘇民将来という不思議な文言は、実は人の名前なのである。その名前がなぜおふだなどに書かれるのだろうか。

旅の者の正体は神だった

蘇民将来に関する最も古い記述は、卜部《うらべ》兼方《かねかた》著の『釈日本紀《しゃくにほんぎ》』に引用された備後国風土記逸文《びんごのくにふどきいつぶん》である。その内容というのは、ある時、蘇民将来という名の兄弟のもとに旅の途中で一夜の宿を求めた神（武塔《むとう》の神）に

祇園祭の山鉾「菊水鉾」の巡行。
写真 新潟県立歴史博物館

京都の町屋に吊るされた厄除け粽。
写真 新潟県立歴史博物館

祇園祭菊水鉾《きくすいほこ》の厄除け粽

菊水鉾は祇園祭の鉾の一つである。「菊水鉾」「蘇民将来子孫也」「福聚海無量」と書かれたおふだが付けられている。

個人蔵

八坂神社(京都市)の粽と蘇民将来符

祇園祭の厄除粽は、蘇民将来符の一種とされる。笹の中に粽は入っておらず、「蘇民将来之子孫也」と書かれたおふだが付いている。この粽を家の入口に吊るして病気災難除けとする。

個人蔵

対し、裕福であるにもかかわらず泊めなかった弟の将来は家族もろとも滅ぼされ、貧しいながらも宿を提供した兄の蘇民将来は助けられ、弟のもとに嫁いでいた娘も、神の言う通り茅の輪を腰に付けていたことによって難を逃れた。

そしてこの神は自らを速須佐雄の神と名乗り、後の世に疫病があれば、蘇民将来の子孫といって茅の輪を腰に付ければこれを免れると言ったという伝説である。

蘇民将来に関する伝説は、様々な資料に伝えられているが、そのストーリーや登場人物名に若干の相違はあるものの、蘇民将来の子孫を名乗れば疫病から免れるという点では一致している。

このような伝説をもとに、蘇民将来の子孫である、もしくは蘇民将来の家であると宣言したおふだを家の門口などに掲げることによって、疫

各地の蘇民将来符

蘇民将来の伝説に基づき、災厄を除けるおふだとしての蘇民将来符は全国に分布する。その形態も様々で、木製、紙製、立体的なもの、平面的なもの、文言のみを記すシンプルなもの、華麗な装飾を施したものなど、それぞれ特徴を持っている。

千手院蘇民将来符の版木

千手院蔵

信濃国分寺蔵・上田市立博物館保管／上田市指定文化財

千手院蘇民将来符

真言宗豊山派の千手院（新潟県南魚沼市）が頒布するおふだとその版木。おふだは正月３日、４日の「寺年始」で檀家に配られるもので、以前は数名の子ども（現在は大人）がこれを配って歩いた。檀家の家に着くと、「ものもー」と声をかけ、家の人が「どうれー」と答えて迎える。家の人は、松の枝・昆布・豆がらをのせたお盆を用意し、その上におふだを受け取る。おふだは家の入口に貼ったり、神棚に上げたりする。「梵字（ヂクマン＝般若心経の種字）蘇民将来子孫門戸也」の文言を中心に「天下太平」「家内安全」、「大悲山」「千手院」の山号寺号、五芒星が書かれている。

新潟県立歴史博物館蔵

千手院近隣の民家に貼られたおふだ。

写真　新潟県立歴史博物館

病から免れようと願う信仰が各地に広まっている。

多数出土する呪符木簡

現在確認できる蘇民将来の最古の例は、長岡京から出土した「蘇民将来子孫」の文言の書かれた木簡で、おそらく長岡京の存続した奈良時代終わりから平安時代初期にまで遡《さかのぼ》るものと考えられる。

中世の遺跡からは蘇民将来にかかわると考えられる呪符木簡が多数出土していて、各地に広がっていた様子がうかがえる。文献でも、例えば中世に越後国北部を支配した色部《いろべ》氏の年中行事をまとめた『色部年中行事』の中の正月儀礼において、正月八日青龍寺《しょうりゅうじ》・最明寺《さいみょうじ》などの衆徒が色部氏のもとに来て飲食した後に「御守そみんあそはされ」という行為があったことが記されている。この

信濃国分寺蘇民講の蘇民将来符。「蘇民将来大福長者」の文字のほかに、七福神などの絵柄が描かれている。

個人蔵

江戸時代の八日堂縁日を描いた「八日堂縁日図」(上田市指定文化財)。元和年間(1615～1624)頃のものと伝えられているが、元禄年間(1688～1704)頃のものとの説もある。本堂前で蘇民将来符を頒布する様子などが描かれている。

現代の蘇民講による蘇民将来符頒布の様子。

写真　新潟県立歴史博物館

現代の信濃国分寺蘇民将来符頒布の様子。

写真　新潟県立歴史博物館

信濃国分寺八日堂の蘇民将来符

全国に見られる蘇民将来符の中でも、とりわけ有名なのが、長野県上田市にある信濃国分寺八日堂の縁日で頒布される木柱状の蘇民将来符である。正月7日・8日には蘇民将来符が頒布される。除災招福の御利益があるとされ、多くの参詣者がこれを求める。
国分寺の蘇民将来符は2種類に大別できる。1つは国分寺が頒布するもの、もう1つは蘇民将来符を代々作ってきた家によって構成される「蘇民講」が頒布するものである。前者は大福・長者・蘇民・将来・子孫・人也の文字やアミと呼ばれる模様などが書かれ、後者は文字だけでなく蘇民講の各家に伝わる絵柄(七福神など)が描かれている。

信濃国分寺の蘇民将来符。「蘇民将来大福長者」の文字といくつかの記号が書かれるのみで、絵は描かれない。

個人蔵

「そみん」とは蘇民将来で、そのお守りに関する儀礼があったものと考えられる。

蘇民将来伝説に登場する武塔の神は牛頭天王《ごずてんのう》のこととされ、神仏習合の本地垂迹説《ほんじすいじゃく》では薬師如来《やくしにょらい》の垂迹、スサノオの本地ともされた。牛頭天王はインドで釈迦《しゃか》ゆかりの祇園精舎《ぎおんしょうじゃ》の守護神で、中国を経て日本にその信仰が伝えられたのである。また、牛頭天王は祇園信仰の祇園神とも同一とされ、八坂《やさか》神社で祀られるようになる。さらに陰陽道では天道神《てんどうじん》、天刑星《てんけいせい》とも同一視された。

各地に息づく「蘇民将来」

京都の夏の風物詩である祇園祭では各山鉾《やまほこ》ごとに独自の粽《ちまき》が頒布されるが、そこには「蘇民将来之子孫」と書かれている。そもそも、祇園祭の前身である御霊会《ごりょうえ》は平安時代初期

黒石寺（岩手県奥州市）
蘇民祭の小間木

黒石寺の蘇民祭で奪い合う袋に入っているのが、ヌルデの木を2センチほどの長さに切った、小間木と呼ばれるおふだである。

個人蔵

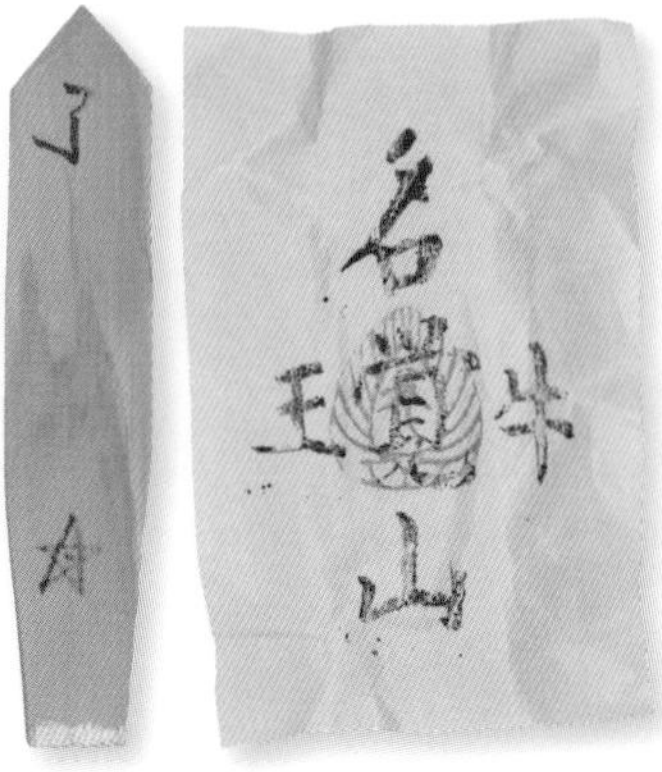

頒布される蘇民将来符。

個人蔵

妙楽寺（長野県佐久市）の
蘇民将来符

1月8日の蘇民講では、僧侶による加持祈禱の後、本堂内陣に山号と宝珠印を押した牛王法印と木製の蘇民将来符が並べられ、その上から米粒が撒かれる。五穀豊穣や家内安全などを願うものとされる。
おふだには「梵字（バイ＝薬師如来の種字）蘇民将来子孫之門也」とあり、裏には「了」と五芒星が書かれている。

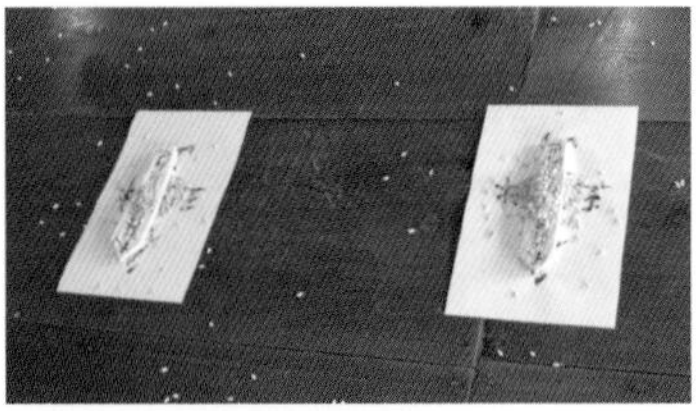

米粒が撒かれたおふだ。

写真　新潟県立歴史博物館

の貞観《じょうがん》年間に疫病の流行に際して疫神や死者の霊などを鎮めるために行われたものである。夏の時期は湿度も高く、不衛生な時代にあっては疫病の流行などもこの時期に多発し、恐れられたからである。

　毎年、信州上田の正月の風物詩として多くの人びとを集める信濃《しなの》国分《こくぶん》寺《じ》の八日《ようか》堂《どう》縁日では、木製のこけし状の蘇民将来符が販売される。地元の蘇民講によって作られる蘇民将来符には、文字だけではなく様々な絵柄が描かれて人気を博している。

　これらを購入した人びとは、かつては戸口に吊るしたり玄関に飾ったりしたそうである。この縁日は、薬師如来の縁日（八日）にちなんで正月七日から八日に開催される。

　同じく長野県では佐久《さく》市の妙楽寺《みょうらくじ》で毎年一月八日に蘇民講が行われる。僧侶による加持祈禱の後、本堂内陣に山号と宝珠印を押した牛王宝印と

今宮《いまみや》神社（京都市）の蘇民将来符

この蘇民将来符は「やすらい人形」と呼ばれるもので、人形の中央に「蘇民将来子孫也」と書かれ、疫病除け健康祈願のお守りとして境内社の疫（えやみ）社で頒布される。

信濃国分寺資料館蔵

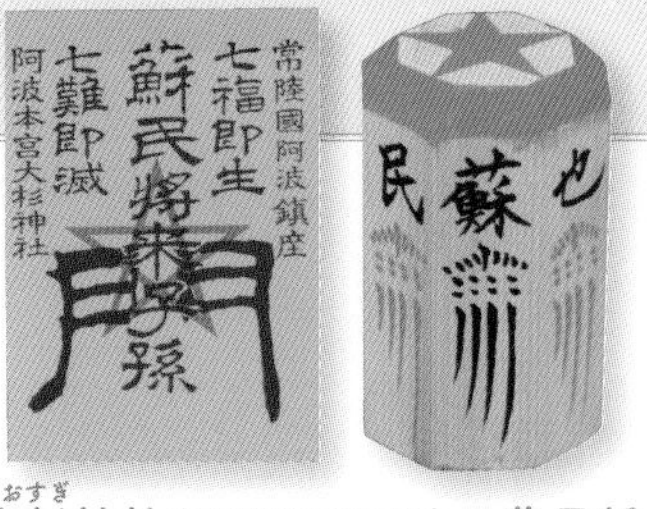

大杉《おおすぎ》神社（茨城県稲敷市）の蘇民将来符

「あんばさま」と呼ばれる杉の御神木で広く知られる大杉神社は、疱瘡（ほうそう）除けや水上交通の神として信仰されている。木製八角柱と紙製の蘇民将来符が頒布される。

信濃国分寺資料館蔵

龍蔵寺《りゅうぞうじ》（長崎県壱岐市）の蘇民将来符

曹洞宗の龍蔵寺で頒布される木製のおふだ。牛馬の病気災厄除けのために母屋や牛舎の入口に付けられたもの。ほかに「蘇民将来子孫繁昌」と刷られた紙製のおふだがあり、子どもの着物に結び付けて魔除けとした。

信濃国分寺資料館蔵

松下社《まつしたしゃ》（三重県伊勢市）の蘇民将来符

松下社の社域は「蘇民の森」と呼ばれ、頒布される蘇民将来符を付けたしめ縄がよく知られている。伊勢地方では、家の入口のしめ縄は1年間飾ったままにしておくことが一般的で、時期にかかわらず見ることができる。

信濃国分寺資料館蔵

木製の蘇民将来符が並べられ、その上から米粒が撒かれ、法会の後に檀家たちが持ち帰る。五穀豊穣や家内安全を願うものとされる。

岩手県奥州《おうしゅう》市の黒石寺《こくせきじ》では日本三大裸祭の一つとして知られる蘇民祭が毎年旧正月の七日夜半から八日朝にかけて開催される。祭の最大の見せ場は、堂内で裸の男たちが蘇民将来符の入った袋を奪い合う争奪戦である。この蘇民将来符は小間木《こまぎ》とも呼ばれる木片で、これを獲得した者は災厄を免れるとされる。

蘇民将来、言葉は難しいが、古い歴史を持ったまじないであり、思いのほか身近に存在していることがわかっていただけたであろうか。時代や地域によって、様々な変容を遂げてはいるが、その本来の意味である、災いを避けるという願いはまさに全人類的な願いの究極なのではないだろうか。

トピックス

おふだにねがいを――七夕の短冊

おふだを使って願をかけるという行為として身近なものに、七夕祭りでの短冊がある。願をかける主体が自らおふだを作成するという点では、ほかの一般的なおふだとはやや異質なところもあるが、広い意味では「おふだにねがいを」託す行為としてもよいだろう。

現在行われている七夕祭りの起源は、言うまでもなく中国に求められる。織女《しょくじょ》と牽牛《けんぎゅう》が天の川をはさんで年に一度会うことができるという物語はよく知られている。織女に代表される縫織などの女性の仕事と、牽牛に代表される農耕などの男性の仕事の合一、あるいは男女（＝陽と陰）の調和による安定、すなわち陰陽思想の基本的な考えに相当し、豊穣を願う行事から発生したものであったことも推測される。

また、古代中国から日本に伝わった乞巧奠《きっこうてん》という宮廷行事は、織女にあやかって機織や裁縫などが上達するようにと願いを込めたお祭りをするものであった。そこでは、五行思想に基づく五色（青、赤、黄、白、黒）の糸をお供えした。

また、宋代の中国では祭壇の上に筆や硯《すずり》をならべ、子どもが詩を作って供える風習があり、願い事が裁縫以外の詩文や書道などの上達にも拡大していったと考えられている。

歌人藤原定家《ふじわらのていか》の流れを汲み、古い公家文化を今に伝える京都の冷泉《れいぜい》家では、現在でもこの乞巧奠とともに七夕の行事である「二星《たなばた》」という星祭が行われている。そこでは梶の葉に柿本人麻呂《かきのもとのひとまろ》の「天の川とほきわたりにあらねとも　君が船出は年にこそまて」という古歌を書き、祭壇の横に立てた笹に短冊、色紙とともにこよりで吊す。梶の葉は彦星が天の川を渡る舟の舵にかけたものと伝えられている。

短冊に豊穣や技芸の上達の願いを込め、邪気を祓うと信じられた笹に結ぶことで、願い事の成就と邪気祓いをともに期待したものが現代の七夕祭りへとつながっていったのだろう。このような風習が庶民にまで広がっていくのは江戸時代になってからのことである。

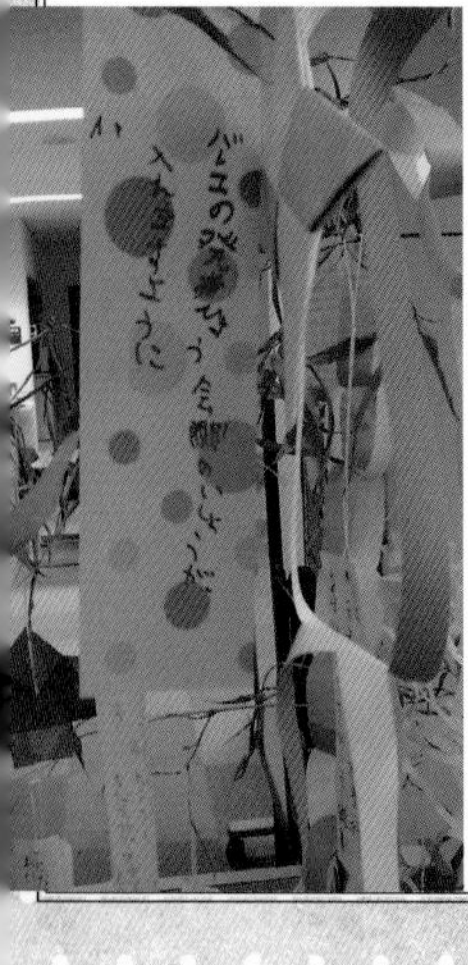

第3章

呪文の言葉は急々如律令

——呪術の背景にあるもの

陰陽師と呪術

呪術には決まった文言や所作がある。呪文の終わりに添える「急々如《きゅうきゅうにょ》律令《りつりょう》」という文言や、「臨兵闘者皆陣列在前」と唱えながら指を縦横に切る動作などだ。さらに、五芒星《ごぼうせい》と呼ばれる五つの頂点を持つ星形の記号をおふだなどに添えたりする。これらは、古代中国を源とする「陰陽道《おんみょうどう》」が、日本へ伝えられ、方術《ほうじゅつ》として発展していくなかで形作られたものである。

本章では、各地の民俗事例を見ながら、呪術の背景にある思想へとアプローチしていく。

泰山《たいざん》府君《ふくん》の祭を行う安倍晴明

右端の祭文を読む人物が晴明。その脇には2体の式神が控え、祭壇の前には5体の異形の者が姿を見せている。「三井寺縁起」（15世紀）の一場面で、病で命が尽きようとしている高僧を救うため、弟子の僧が身代わりを申し出る。晴明は泰山府君の祭によって高僧の命と弟子の命を取り換える。この後、弟子は長年信仰していた不動明王の加護で命をとりとめるというもの。類似の話は『今昔物語集』や東京国立博物館蔵「不動利益縁起絵巻」にも見られる。

所蔵・画像提供　奈良国立博物館（撮影　森村欣司）

急々如律令

おふだにしばしば登場する文言。その代表的なものが「急々如律令」だ（「急急如律令」「喼急如律令」と書かれることもある）。「急々に律令（法律）の如くに行え」という意味で、もともとは、古代中国の行政文書で速やかに命令が実現されるようにという意味の定型句として用いられていた。

この文言が日本に伝わり、呪符の決め言葉として定着した。平安時代には既に宮中の儀式にも取り入れられていたことが、当時の儀式書などから知られている。

もともとの言葉に
呪いの意味は
なかったんだね

金神《こんじん》除けのおふだ

新潟県長岡市の栃尾地域で採集されたもの。鬼の文字が急々如律令の文字を取り囲むように書かれ、裏面には不動明王の真言、荒神の真言が見られる。荒神の真言に通常入れることがない種字が加えられているところから、真言宗豊山派の妙圓寺（新潟県長岡市）のおふだと考えられる。妙圓寺は別名「こんじんでら」とも呼ばれ、現在も金神除けの祈禱寺として信仰を集めている。

新潟県立歴史博物館蔵

儀式書に見られる「急急如律令」の文言

平安時代に宮中で行われた正月の儀式「元旦四方拝（しほうはい）」。天皇によって唱えられる呪文に「急急如律令」の文言が見える。元旦四方拝は平安時代の初めごろに始まったとされる儀式で、形を変えながら現代でも行われている。平安時代後期の儀式書『江家次第（ごうけしだい）』より。

国立国会図書館蔵

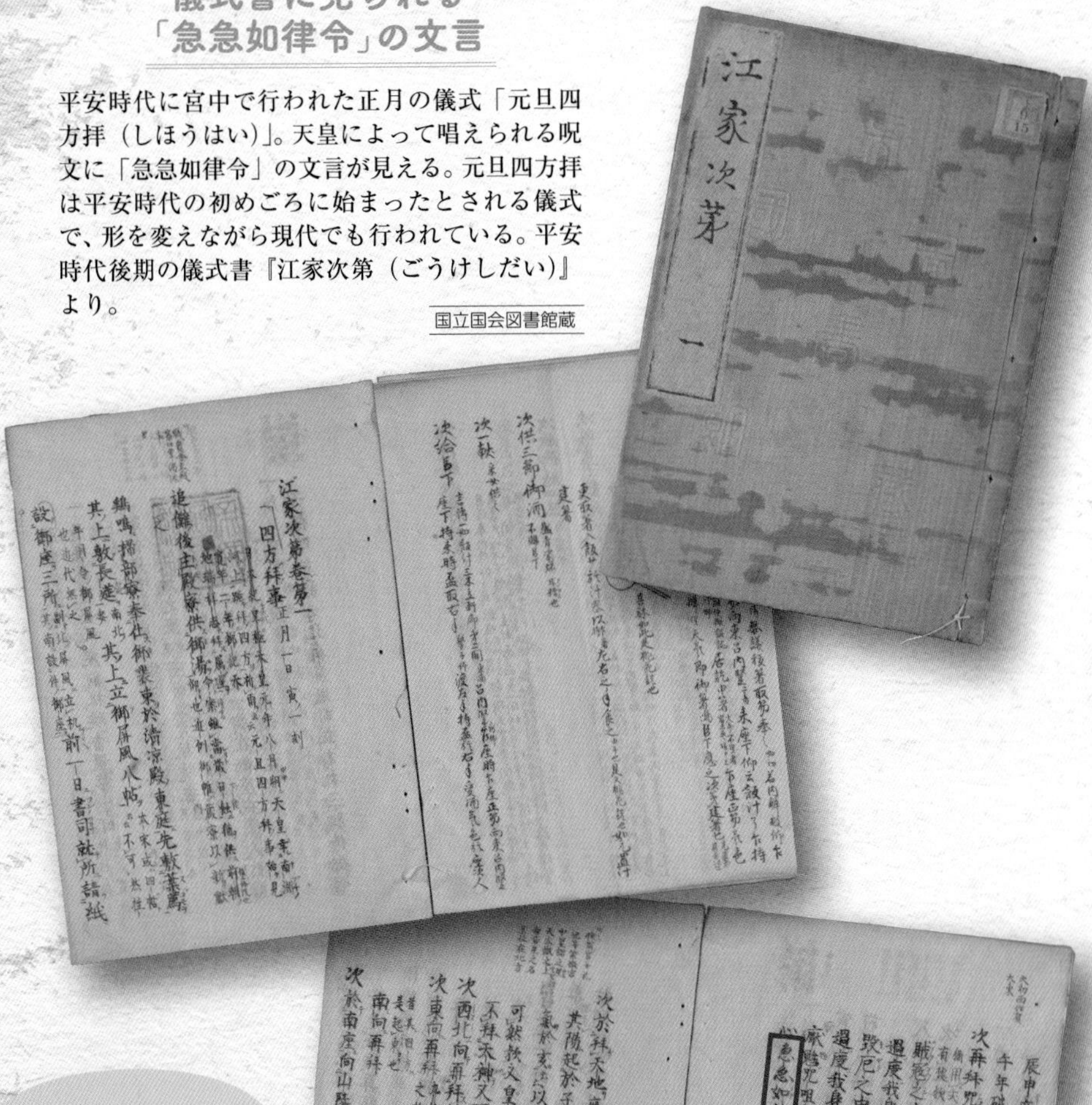
江家次第
一

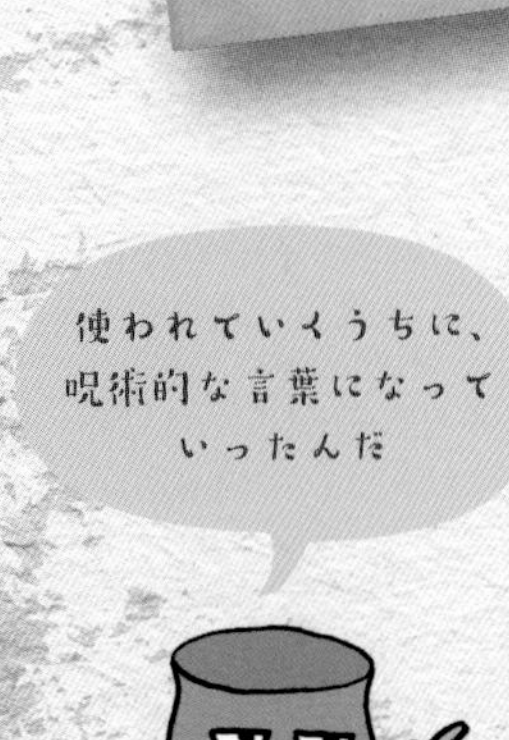
使われていくうちに、
呪術的な言葉になって
いったんだ

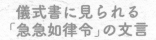

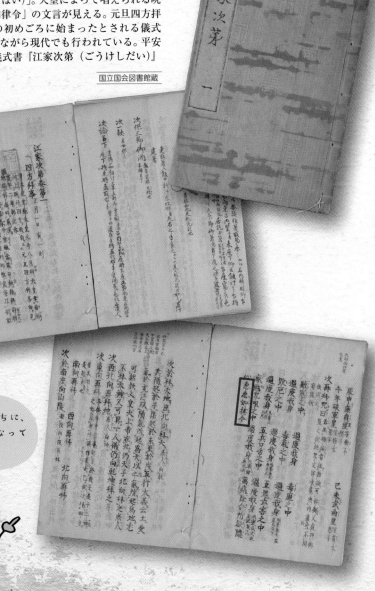

養蚕守護のおふだ（新潟県魚沼市）

明治の頃に養蚕で財をなした現所有者の曾祖父が敷地内に建てた社（葉草神社、通称おんたけさん）の堂内に、いつの頃からか下げられていたおふだ。符籙と「急急如律令」の文が記されている。「蚕守」の語があることから、養蚕業の繁栄を願ったものと思われ、明治期以降の農村における呪符信仰をうかがわせる。
裏面には「南」「北」等の文言の記載もあるほか、人名も記されている。表面は、大宮司朗『霊符全書』（学習研究社、2008年）に掲載されている「延命之符」に酷似しているが関係は不明。

個人蔵

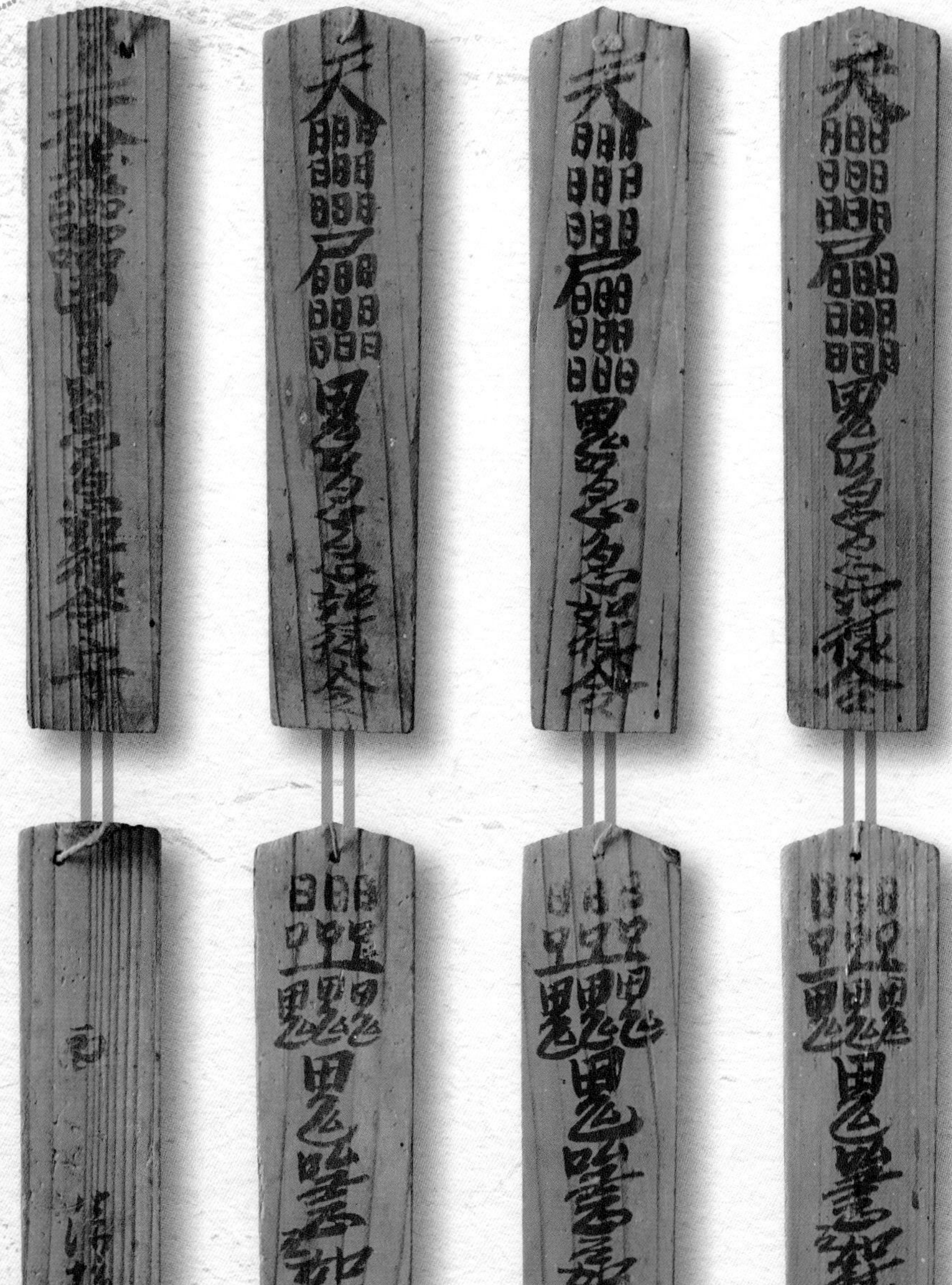

五芒星

五芒星は、五つの頂点を持つ星形の記号である。別名・セーマンとも言い、陰陽道では陰陽師安倍晴明にちなんで晴明桔梗文とも呼ばれている。

陰陽五行説の木・火・土・金・水の五つの元素の相克を表現したものであり、複雑な図形ながら、一筆書きで書け、すべての部分が閉じているということから、ここに迷い込んだ魔物は逃げ出すことができないとも、魔物が入り込む余地がないとも言われ、魔除けの効果がある記号として信仰されてきた。

古代の墨書土器などにも記される例があるので、少なくとも平安時代以前から用いられていたものと考えられる。

また、縦横九本の線を組み合わせた「九字《くじ》」（76ページ参照）は、別名・ドーマンとも呼ばれ、同様に魔を封じ込める記号として使われている。地域によっては、セーマンとドーマンの呼称が逆になったり、五芒星の代わりに六芒星を用いることもある。

五芒星の書かれた「ジュウニガツ」

新潟県村上市の旧山北町や旧朝日村では、小正月にジュウニガツなどと呼ばれる魔除けが作られた。タラノキを割った断面に「十二月吉日　(五芒星)」などと書いて、家の入口や窓に飾った。

新潟県立歴史博物館蔵

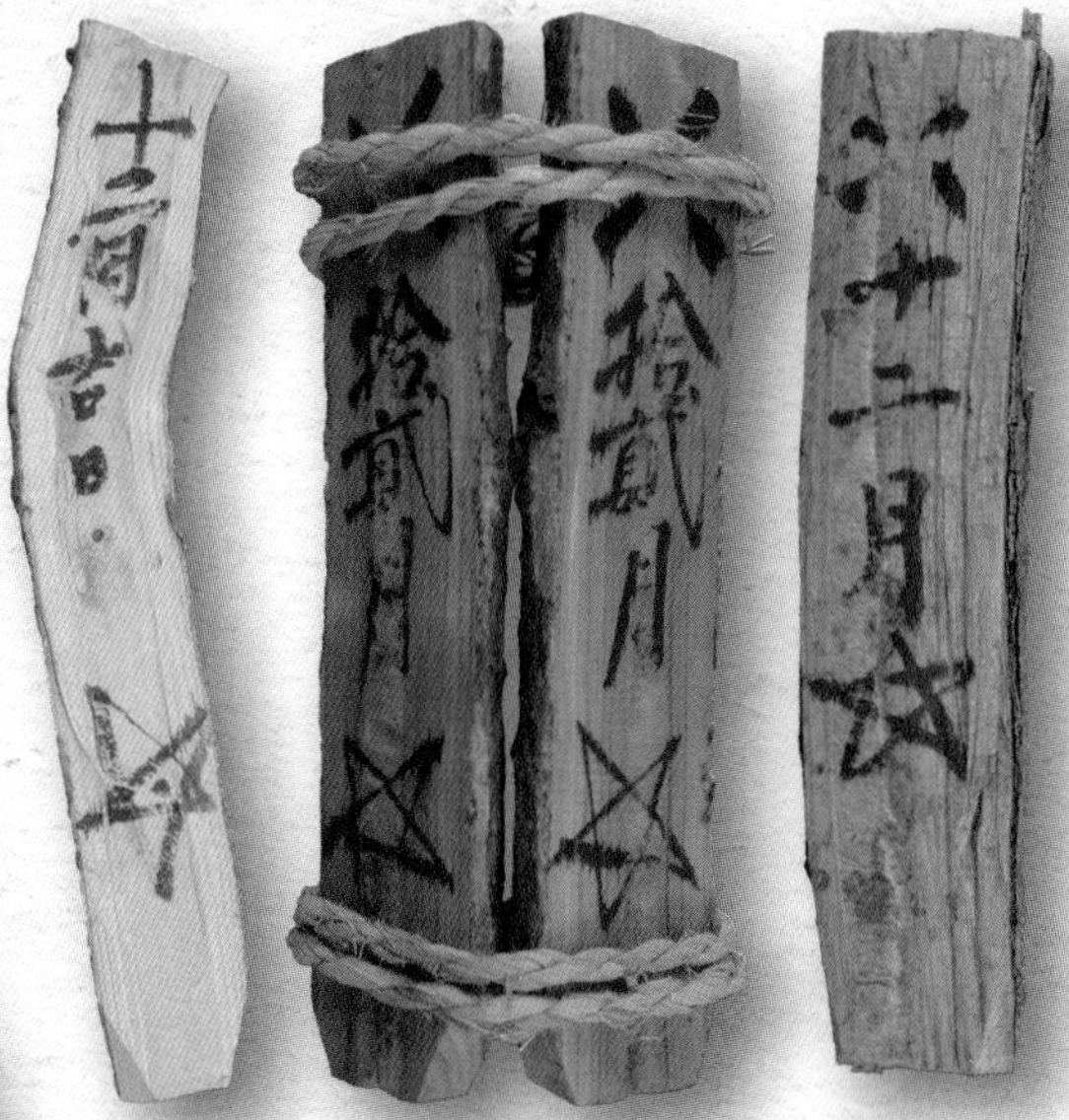

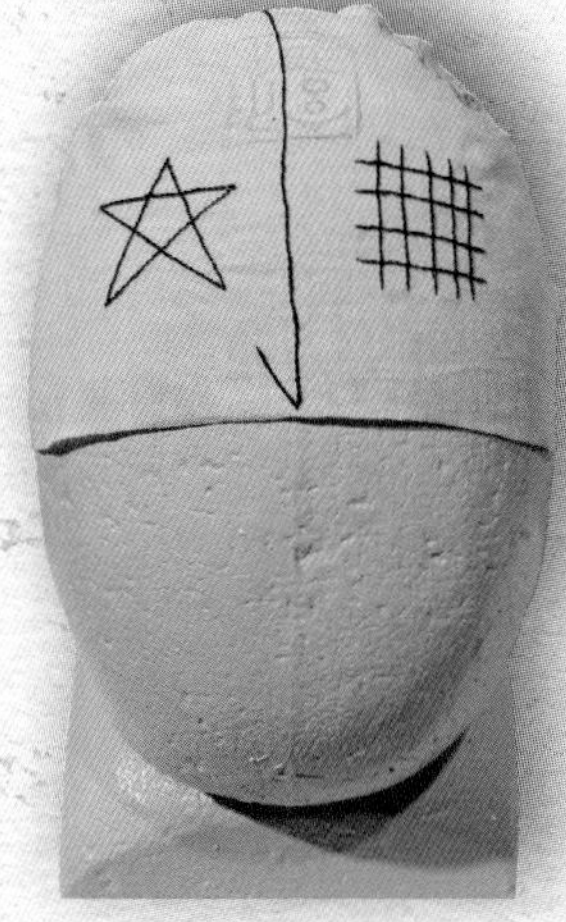

海女が身につける、セーマン・ドーマンの魔除け

志摩半島（三重県）の海女は、海に入る際、五芒星と九字を描いた「セーマン・ドーマン」の魔除けを身につける。潜水中に本人そっくりの姿に化けて近づいてくる「トモカヅキ」と呼ばれる魔物から身を守るため、と伝えられている。

鳥羽市立海の博物館蔵

海女の魔除けグッズはお土産としても人気がある。鳥羽市立海の博物館のミュージアムグッズより。

写真提供　鳥羽市立海の博物館

九字

九字の起源は、古代中国の道教《どうきょう》の古典である『抱朴子《ほうぼくし》』にまで遡る。山に入るときに唱えるべき呪文として「臨兵闘者皆陣列前行」と記されている。これが日本に伝えられ、陰陽道、仏教、修験道などと結びついて護身のための呪文として用いられるようになった。

日本では、「臨兵闘者皆陣列在前」と唱えられることが多く、ほかに陰陽道では「青龍・白虎・朱雀・玄武・勾陳・帝台・文王・三台・玉女」なども使われる。

護身術としては、九字を唱えながら神仏を表す印を結んだり、早九字と称する刀を表現する指の動き（刀印）で縦横に切る動作などが用いられる。縦横の線は結界で、ここに迷い込んだ魔物は抜け出せなくなるということから、魔除けの効果があるとされた。

古代の墨書土器にも、九字が変形したと考えられる縦横の線を組み合わせた文様が見られるなど、古くから魔除けの記号として広く普及していたことが考えられる。

九字は別名・ドーマンとも呼ばれ、陰陽師蘆屋《あしや》道満《どうまん》に由来するという説もある。

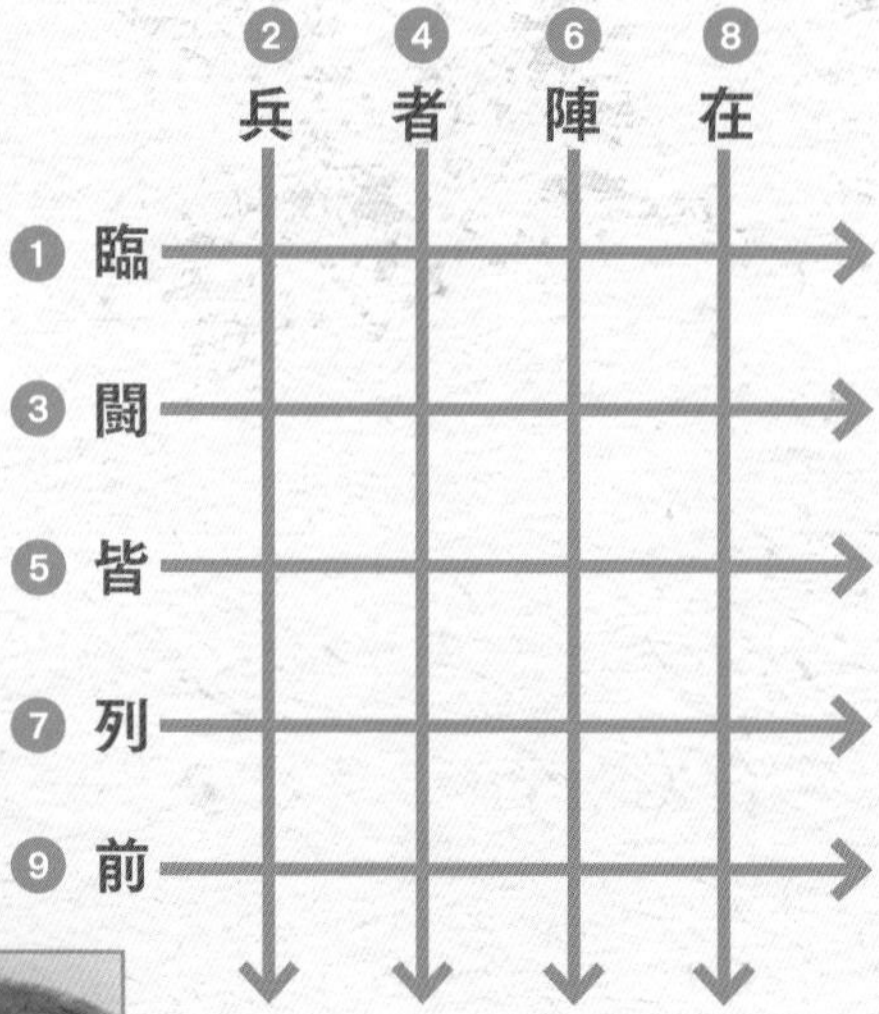

九字に似た魔除けの記号？

古代の土器に墨で描かれた模様。九字とするには画数が足りないが、同様のものが全国から出土しており、魔除けの記号の一種と考えられる。写真は新潟県阿賀野市の発久遺跡出土墨書土器。

阿賀野市教育委員会蔵

魔物を防ぐ、背守り

小さな子どもの着物「一つ身」には、布一幅のみで背縫いがない。そのため、そこから魔物がとりつくとされ、背縫いの代わりに「背守り」と呼ばれる縫い飾りが付けられた。この資料も背守りの一種で、縫い飾りではなく、背中に取り付けるタイプのもので、九字とは異なるが魔除けの縫い取りが見られる。

新潟県立歴史博物館蔵

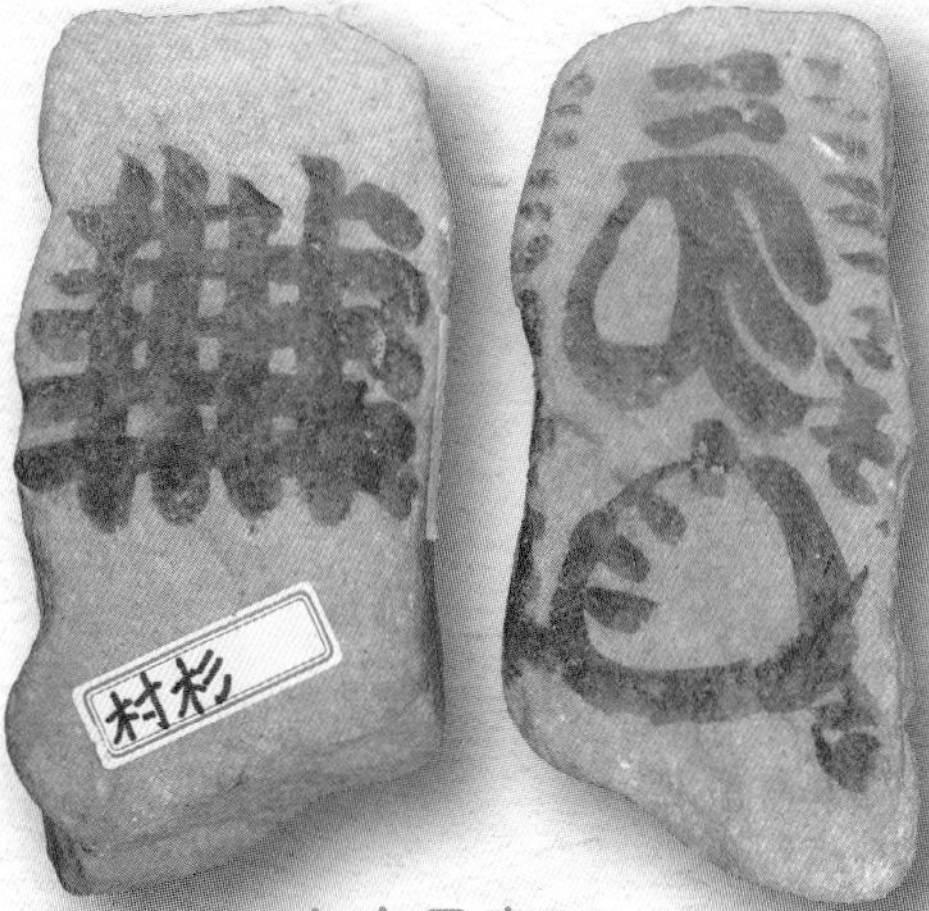

九字墨書石

川原石の両面に墨書されたもの。一面はいわゆる九字で、もう一面は梵字風の記号が書かれている。現所蔵者の祖父が採集したもので、「村杉」のシールから旧笹神村（現・新潟県阿賀野市）の村杉近辺で採集したものと思われる。

個人蔵

個人蔵

屋固《やがため》のおふだ

山野神社（新潟県胎内市）の神官を務めた家に伝えられた棟札状のおふだ。1枚には寛延2年（1749）に快玉により建てられたものを清賢が再建したとあり、梵字（バン＝大日如来の種字）を取り囲むように『金剛頂経』の一節「法界種相形如圓塔」のほか、九字などが書かれている。もう1枚には文政元年（1818）の日付と、やはり梵字（バン）を囲むように「天水地水皆是仏水」の文言や、「本尊不動明王寺運繁昌火盗消除如意圓満所」の文言を挟むように「一切日皆是善一切宿皆賢諸仏皆威徳羅漢皆断漏以斯誠實言願我常吉祥」という『仏母大孔雀明王経』の偈文（げもん）、算木で数字を表す記号（1、2、6、7）、唵急如律令などの呪句が見られる。
おそらく、火難や水難を免れることを願う屋固のおふだだと思われる。2枚の文字の書かれた面を合わせるようにして釘で打ちつけてあったようである。

律令制と陰陽道

陰陽道とは、古代中国を源とする思想の一種である。万物は陰と陽との二気から成り立つとする陰陽思想が、やがて万物は木・火・土・金・水の五行からなるとする五行説と融合し、陰陽五行説として発展する。この陰陽五行の考えに基づいて災厄や祥瑞《しょうずい》を判断し、人間の吉凶を占う方術へと発展したのである。おそらく飛鳥《あすか》時代には陰陽五行と深い関係のある天文、暦、易などとともに日本に伝えられたものと考えられる。

呪術行為も担当した陰陽師

律令制下では中務省《なかつかさしょう》に陰陽寮《おんみょうりょう》が置かれ、そこに主として技術の教授を行う陰陽博士一名、これを習う陰陽生十名、実際の術を行う陰陽師六名、また暦、天文、漏刻《ろうこく》などの各専門家が配置され、役所組織としての長官である陰陽頭以下の官人が事務を司っていた。陰陽師の職掌は占筮《せんぜい》と相地、すなわち占いと地相を見ることで、そのベースとなっていたのは天文や暦の専門的知識であった。

平安時代以降には、陰陽道・天文道・暦道などの技術を賀茂《かも》氏と安倍氏が独占的に司るようになり、本来の役割である占いのみならず、呪術的な行為や祭儀も執《と》り行うようになっていった。当時の貴族たちは病や罪穢を避け、朝廷で栄達を得ることが最大の望みであり、これらを求める貴族たちの需要を満たしたのが霊験あらたかな陰陽師であった。

平安時代の最も有名な陰陽師で現代でも小説や漫画、映画などにたび

陰陽寮の組織図

中務省

陰陽寮

- **陰陽師** 6名。吉凶や土地の善し悪しを占う。
- **陰陽博士** 1名。技術の教授を行う。これを習う陰陽生10名がつく。
- **暦博士** 1名。暦を作る。これを習う暦生10名がつく。
- **天文博士** 1名。天文観測を行う。これを習う天文生10名がつく。
- **漏刻博士** 2名。水時計を使って時刻をはかる。部下に、鐘を鳴らして時刻を知らせる守辰丁20名。
- **陰陽頭** 1名。事務を司る長官。長官の下に職員として、助（すけ）、允（じょう）、大属（だいさかん）、少属（しょうさかん）が各1名つく。

たび取り上げられるのが安倍晴明である。晴明自身は当時の古記録にも登場する実在の人物ではあるが、その出自や活動の多くは『大鏡』などの歴史物語や『今昔物語集』などの説話集に描かれたものであり、かなり脚色が加えられていると考えるべきであろう。

しかしながら、道長をはじめとする上級貴族の信頼を得て活躍していた様子が、道長の日記『御堂関白記』や藤原実資の日記『小右記』などからもうかがえる。晴明は土御門《つちみかど》流の陰陽道を大成したとされ、後代まで陰陽師の代表的な扱いを受けている人物である。

民間では在野の陰陽師も

一方、陰陽道の思想は朝廷や貴族のみならず民間にも流布していく。これら民間の需要を賄《まかな》ったのが、法師陰陽師や陰陽師巫のような官に属さない在野の陰陽師たちであった。

平安時代以降、これらの民間の陰陽師は全国に陰陽道の思想を大いに広めていったようである。特に、年月日や方位に関する吉凶は暦とともに広まり、密教や修験道などとの融合もあって、吉を求め凶を去るべき様々な術や符が流行していった。

江戸時代には諸国に多数の陰陽師が活動し、これらの陰陽師は土御門家の支配を受けることで運上の上納と引き換えに活動を保証されていたが、明治になって神仏習合が禁じられると陰陽師の多くは神社の神官などに転じていったようである。

なお、律令制下では宮内省《くないしょう》典薬《てんやく》寮《りょう》に医師や針・按摩《あんま》の技術者とともに呪禁《じゅごん》師二名と呪禁博士一名、呪禁生六名が置かれ、もっぱら呪術による病の治療にあたっていたが、密教や陰陽道による病気治癒の修法にとってかわられ、徐々にその役割は消滅していったのである。

南都陰陽師嘉永二年暦

南都（奈良）を根拠に活動していた陰陽師が頒布した、嘉永2年（1849）の暦。まず、その年の概要として、金神をはじめとする神々の方角、吉凶などを記し、以下月日ごとの天文や暦、行事、吉凶などを記している。

個人蔵

トピックス

個人蔵

秘符　弘法大師御作

延宝8年（1680）の写 。表紙に「蔵持正福院」とあり、福島県いわき市鹿島町上蔵持に現存する真言宗寺院正福院に縁のものと考えられる。弘法大師（空海）に仮託された呪符が掲載されているが、円形に梵字などを組み合わせた独特の形のものが主となっている。

咒咀調法記秘伝

奥書、識語などがなく詳細は不明だが、江戸時代に流行したまじない調法（重宝）記の類の手写本である。

個人蔵

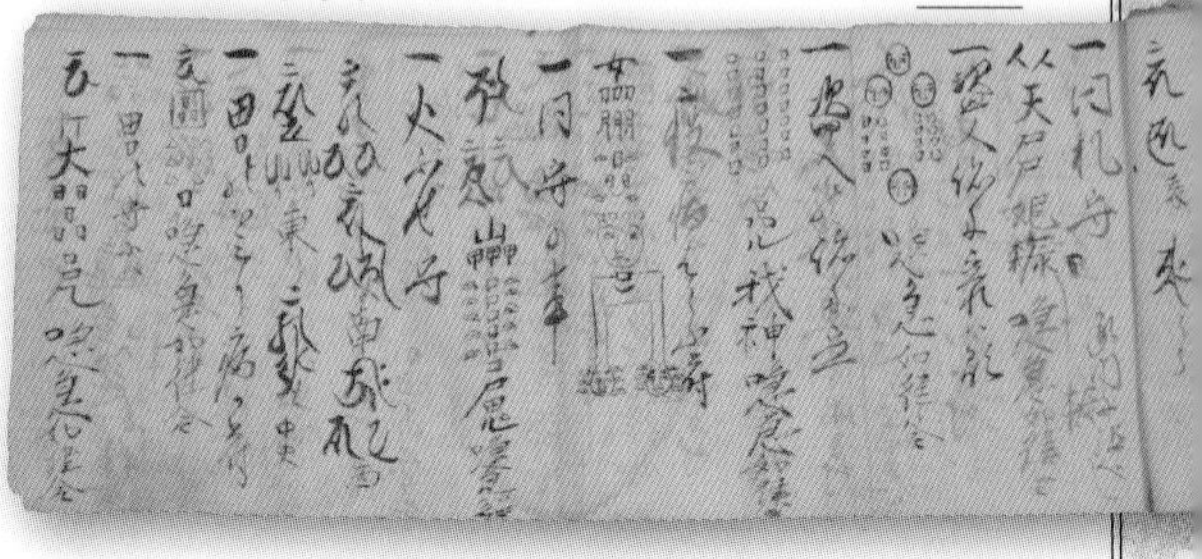

まじないの秘書

元来、陰陽道をはじめとする呪いの術は特殊技能であり、しかるべき過程を経て師から直接伝えられるものであった。しかしながら、呪術への需要が増していくと、専門家である陰陽師などの力を頼るだけでは不足が生じたのであろう。様々な呪い関連の書籍が作られるようになってくる。

それらは、時に「秘書」などの題目を持っているが、人の手によって書写されるだけではなく、印刷されて流布していったものもあった。出版されて多くの人々の目に触れるようになったら「秘書」でもなんでもなくなるということには頓着《とんちゃく》しなかったのだろうか。

これらのいうなればアンチョコを見ながら、その時々に自分に必要な術のまねごとをしたり、呪い札を書いたりしたのであろう。それまで専門家のものであった呪いが、お手軽に実践できるような時代になっていったのである。

中にはかなり売れたベストセラーとでもいうべき本もあり、近代にいたるまでこのような本をベースにした出版物が作られたりしている。

このような呪い本に載せられる呪いの多くは、人を呪い殺したり、天下を左右するような大ごとではなく、ちょっとした病や体調の不良、人間関係の修復など、庶民の日常生活の中で必要とされる要求を満たしてくれるものであった。

第4章

生きている呪術

――境界とおふだ

村境を守る

村境でしめ縄や作り物を見かけることがある。しめ縄や作り物には、しばしばおふだが付随している。それらは災いから村を守るための祈願を行ったしるしであり、外部から災いが侵入することを防ぐ力を持った呪物でもある。
ここでは、新潟県内の村境で見られる様々な呪物を紹介する。

写真　新潟県立歴史博物館

七鬼神の名が書かれたおふだ。

裏側には四天王の名が書かれている。

中町地区の祈禱真言のおふだと草履

新潟県佐渡市赤泊の中町地区では、2月1日に祈禱真言が行われる。集落の女性たちが「真言」と呼ばれる文言を唱えた後、念仏を唱えながら大きな数珠を回す。その後、集落の入口におふだと草履を吊す。おふだに名前が書かれた7匹の鬼が入口の番をし、さらに大きな草履を履く大男がいると思わせることによって、悪いものを集落に入れないようにしていると言われている。

大きな五角形のおふだには、般若心経の種字（ヂクマン）を中心にして、梵字（ボローン）の下に蘇民将来子孫、七鬼神の名が書かれ、五芒星と九字も書かれている。七鬼神は疫病除けの経典『仏説却温黄神呪経』に登場する鬼の名である。また、裏面には梵字（ボローン）、「叶」、吉祥天の種字（シリー）、四天王の名前が書かれている。

新潟県立歴史博物館蔵

『仏説却温黄神呪経』は、古代中国の民間風習にルーツがあると言われています

佐渡市赤泊

佐渡の南海岸にある地区。江戸時代、佐渡奉行が利用した「奉行御渡海」の港である赤泊港が地域の中心。水稲耕作などの農業や、南蛮エビ（アマエビ）やベニズワイガニなどの漁業が盛ん。

荒町地区のお日待講のおふだと草履

新潟県佐渡市赤泊の荒町地区では、1月31日の「お日待講」の際、おふだや草履などを供えて金毘羅様を祀る。翌2月1日、そのおふだと草履を集落の入口2カ所に取り付け、女性たちが「真言」と呼ばれる文言を唱えたり、大きな数珠を回したりする祈禱真言が行われる。草履は、大きな草履を履く大男の存在を示して悪いものを集落に入らせない、または悪いものに出会った時にそれを履いて集落内に逃げ込むためのものであると言われている。
大きなおふだに書かれる八衢彦神（やちまたひこのかみ）や八衢姫神（やちまたひめのかみ）は、『延喜式』の道饗祭（みちあえのまつり・※1）祝詞にも登場する境界守護の神である。伊弉諾命（いざなぎのみこと）が黄泉国から戻って禊をした時に生まれた道保神（ちまたのかみ）と同一とも言われている。

新潟県立歴史博物館蔵

用語集

道饗祭 ※1 >>>P85
律令に定められた祭り。都の四隅にヤチマタヒコ、ヤチマタヒメなどの3神を祀り、魑魅（ちみ）や妖怪が京や宮中に入り込むのを防いだ。毎年6、12月に行われ、左右京職が司り、卜部 が解除（はらえ）を行った。

中町

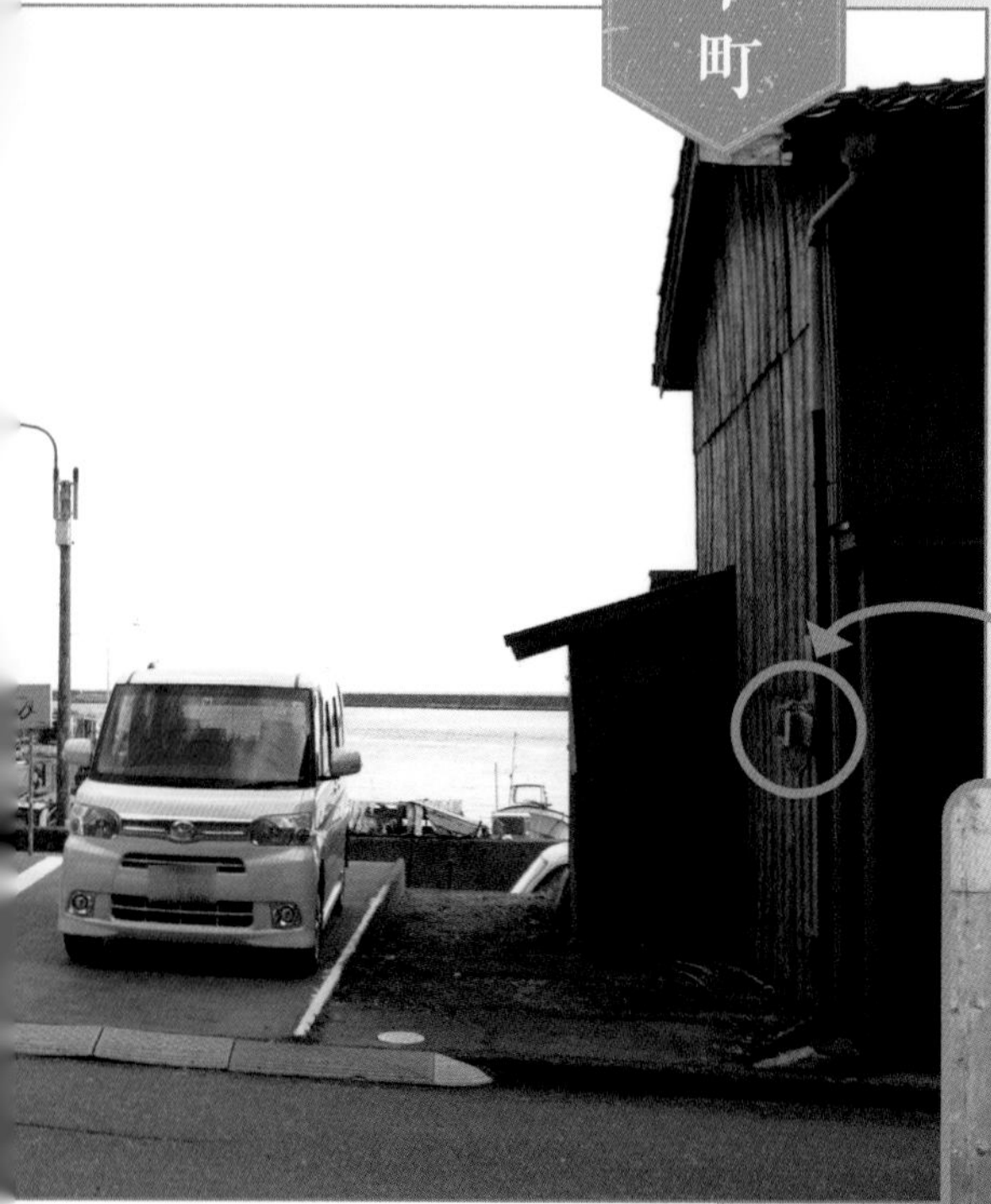

佐渡市赤泊の荒町と中町の境界。

中町のおふだと草履。

中町の入口に吊るされた
おふだと草履。

らたすものが恐れて侵入してこない、という伝承をともなう事例もあるが、草履にはおふだが付けられている。新潟県内には、村の入口に張ったしめ縄におふだを付ける事例も少なくない。おふだには、神仏の名前や祈禱の内容、「蘇民将来子孫」などの文言、五芒星などの記号が書かれる。
村同士の境界では、まるで互いのおふだを掲げ合っているかのような風景に出くわすこともある。

佐渡市赤泊の荒町と浦津の境となる中野川橋のたもとに吊るされたおふだと草履。写真右の石柱には、かつて浦津のおふだ(88ページ)が付けられていた。

荒町

荒町のおふだと草履。

荒町の入口に吊るされたおふだと草履。

佐渡市赤泊の上町の入口の木に吊るされたおふだと草履。

境界のおふだ

災いというものは、多くの場合自分たちのコミュニティーの外から侵入すると考えられてきた。災いをもたらすもののうち最も恐れられたのが疫病（伝染病）である。このような外からやってくる災いを避けるため、村境に魔除けのおふだを掲げる習俗は全国に見られる。

例えば、佐渡島では、村境に大きな草履を吊るし、自分たちの村にはこのような草履を履く大男がいるのだと示すことで、災いをも

写真　新潟県立歴史博物館（この見開きすべて）

村境に立てられた蘇民将来符のおふだ。

海沿いの道に立てられた、イカ型のおふだ。

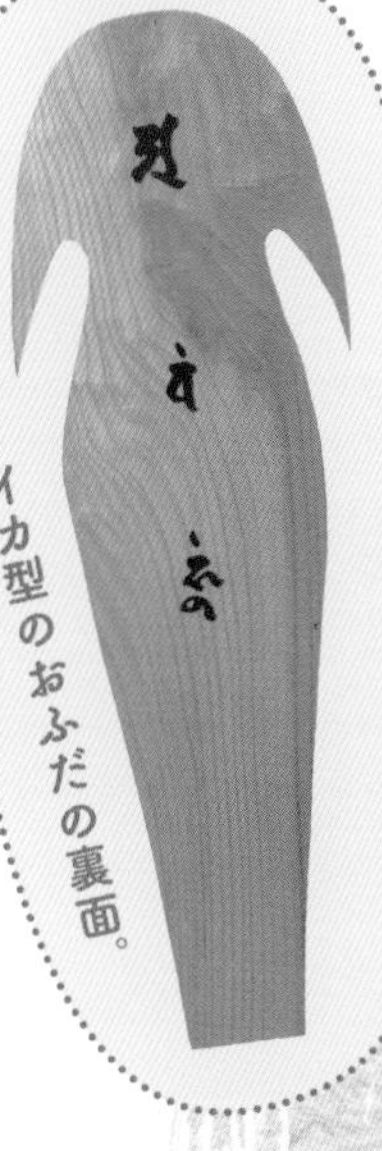

イカ型のおふだの裏面。

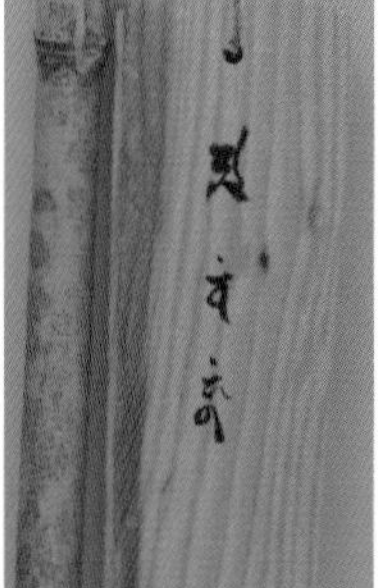

裏面には梵字が記されている。

浦津地区の祈禱真言のおふだ

新潟県佐渡市赤泊の浦津地区では1月17日に祈禱真言を行う。集落の女性たちが「真言」を唱え、数珠を回す。現在は行われていないが、かつてはその後、集落の入口4カ所におふだを立てた。
おふだの表には「蘇民将来子孫」の文言とともに、梵字（ボローン）と五芒星が記されている。古くは海沿いの道3カ所にイカ型のおふだを立て、山沿いの道に草履を付けたおふだを立てたと言われている。

新潟県立歴史博物館蔵

春祈禱の大草鞋

新潟県佐渡市大倉谷で、3月4日に行われる春祈禱（ハリキリとも）で吊される大草鞋とおふだ。僧侶による祈禱を受けたおふだを大草鞋とともに、集落の2カ所の入口に吊るす。大草鞋は、この草鞋を履くほどの化け物がいるということを示し、集落に悪いものが入らないようにする意味であると言われている。

おふだには種字（ヂクマン＝般若心経）と「奉読般若理趣経郷内安全祈所攸」を中心に「護法善神」「皆来守護」の文字が、裏には種字（バン＝大日如来）と年月日が書かれている。

新潟県立歴史博物館蔵

大倉谷の入口に吊るされたおふだと大草鞋。

写真　新潟県立歴史博物館

佐渡市大倉谷

大倉谷は佐渡島の中央部に近い旧真野町にある集落。海に面し、海岸段丘上には農業地も広がり、磯漁を行う者もある。

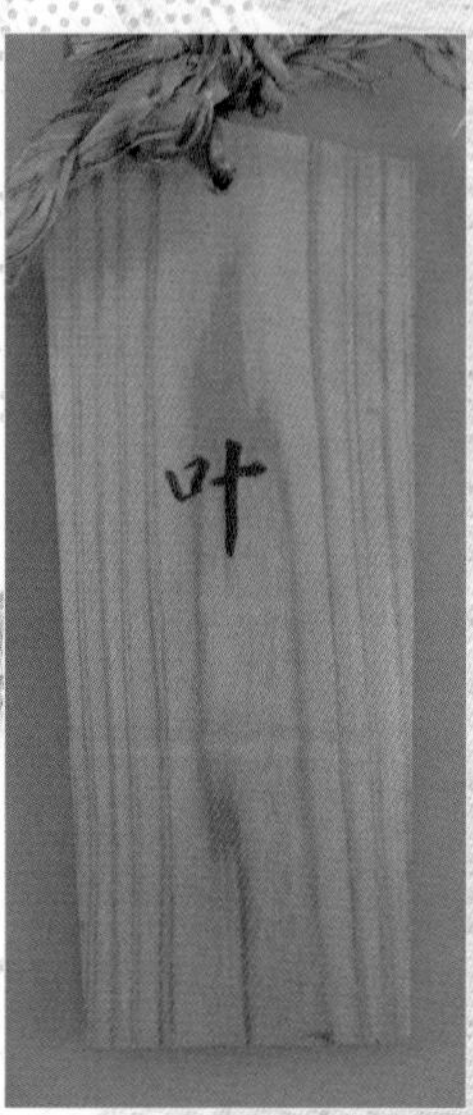

村祈禱のおふだとしめ縄

新潟県佐渡市北小浦では、2月1日、一年の安全と厄払いを祈願し、悪いものが集落に入らないように女性たちが「真言」を唱える村祈禱が行われる。そして、集落の4カ所の入口にある木に、おふだが付いたしめ縄を取り付けるミチハリを行う。
おふだの表には「百万遍祈禱之札」「七福即生」「七難即滅」など、裏には「叶」の一字が書かれている。

新潟県立歴史博物館蔵

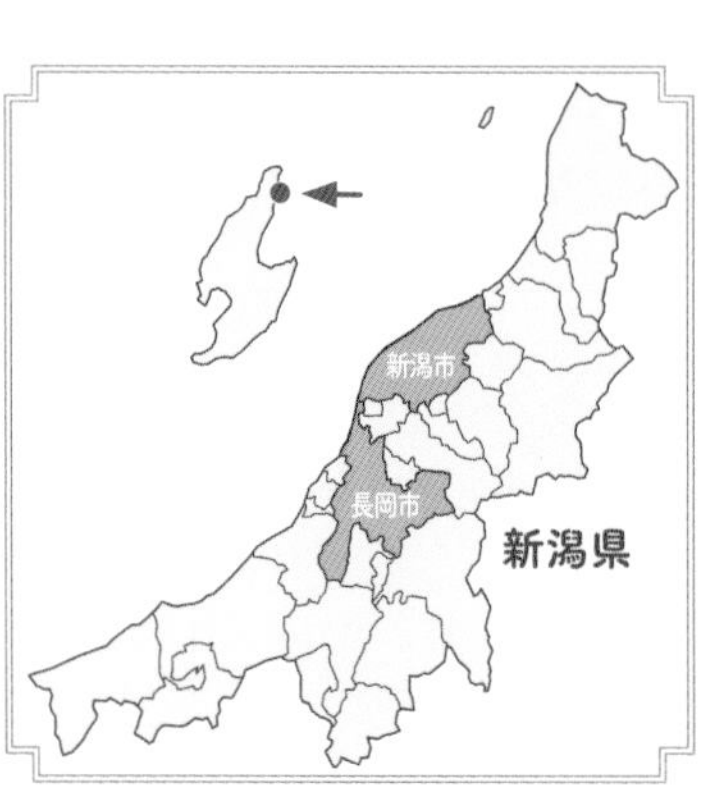

佐渡市北小浦

北小浦は佐渡島北東部、旧両津市にある集落。内海府海岸に面し、定置網漁、ワカメ養殖などが盛んであるが、兼業農家も多い農漁業集落である。

佐渡市木流《こながせ》のジャ

新潟県佐渡市木流では、1月28日に、集落の女性たちが「真言」を唱える「真言納め」を行う。その後、ジャを集落の入口にあたる3カ所に取り付ける。ジャは魔除けの「蛇」をかたどったものであり、アワビの殻は耳、サザエの殻は目を表すとされている。おふだには「梵字（キャ・カ・ラ・バ・ア）、種字（キリーク・サク・サ＝阿弥陀三尊）光明真言一百萬村内安全也」、その両脇に「及（乃）至法界」「平等利益」と書かれている。

新潟県立歴史博物館蔵

佐渡市木流

木流は佐渡市の最南端、旧小木町の農漁業集落。北は海に面し、南の背後は山地。集落の多くは海沿いにある。江戸時代以来佐渡島の主要な港として賑わった小木港とは、丘陵を挟んで反対側になる。

木流の入口に取り付けられた魔除けのジャ（写真左下）。

石戸の入口に吊るされた、
おふだが付いたしめ縄
（写真左上）。

写真　新潟県立歴史博物館

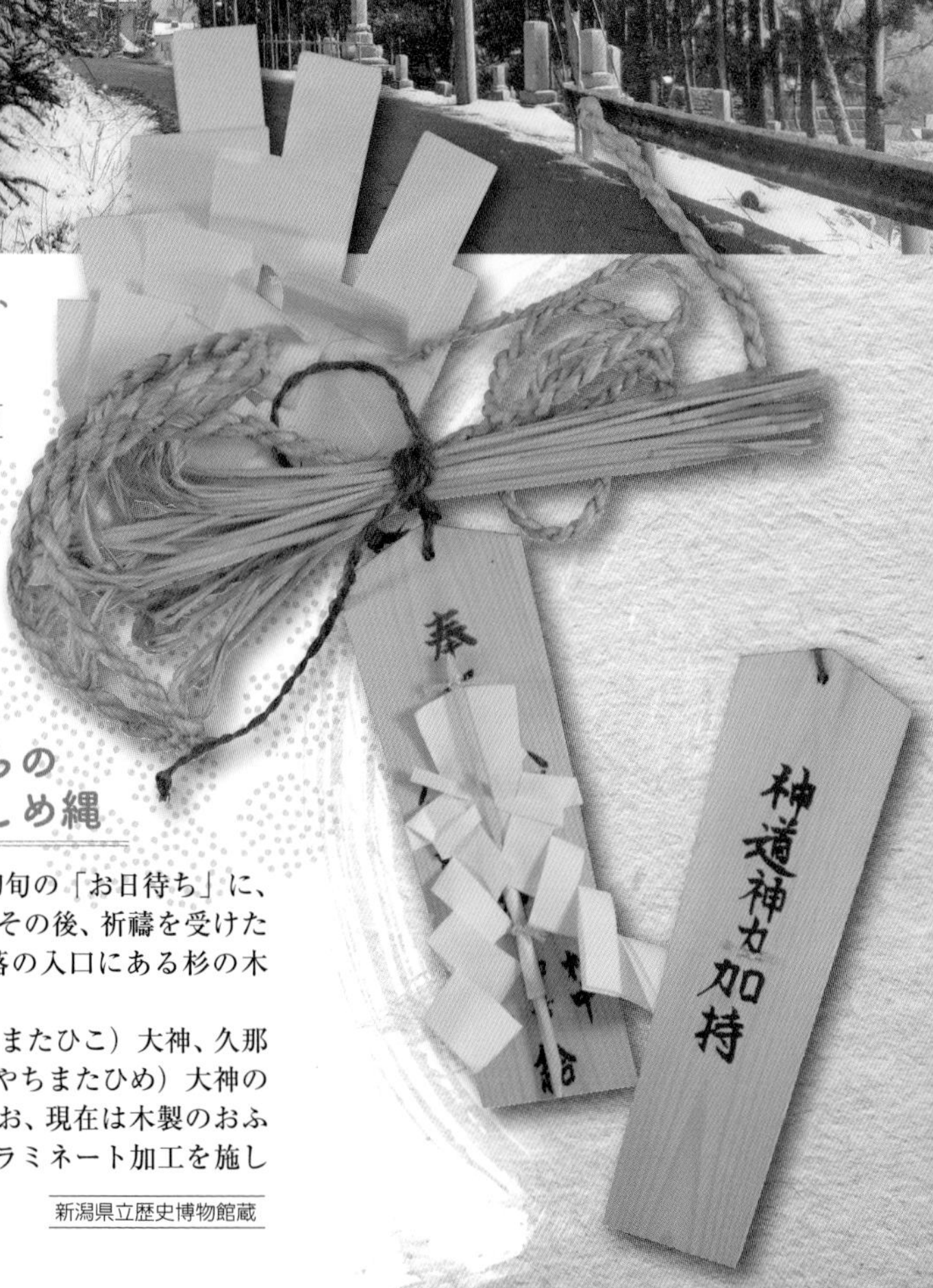

お日待ちの おふだとしめ縄

新潟県阿賀町石戸では、1月初旬の「お日待ち」に、宮司による祈祷が行われる。その後、祈祷を受けたおふだを付けたしめ縄を集落の入口にある杉の木などに取り付ける。
おふだの表には八衢彦（やちまたひこ）大神、久那斗（くなど）大神、八衢姫（やちまたひめ）大神の神名などが書かれている。なお、現在は木製のおふだではなく、紙製のおふだにラミネート加工を施したものが使われている。

新潟県立歴史博物館蔵

百万遍のおふだとしめ縄

新潟県阿賀町豊川の太田地区では、1月16日に百万遍が行われる。僧侶による祈禱が行われた後、地区の人びとが念仏を唱えて大きな数珠を回す。祈禱を受けたおふだが付いたしめ縄は、集落の入口にある杉の木などに巻き付けられる。本来は道を横切って張られたが、自動車の通行の妨げとなるために現在の形に変更された。木製のおふだの表には「種字（カーン＝不動）奉修百万遍如意所」と書かれている。

新潟県立歴史博物館蔵

阿賀町

新潟県下越地方阿賀野川の流域に広がる地域。江戸時代にはこの地域は会津藩領で、明治19年（1886）に新潟県に編入されるまでは福島県であった。平成の大合併により、津川町・鹿瀬町・三川村・上川村が合併して阿賀町となる。阿賀野川や広大な森林等の自然に恵まれた地域で、独特の民俗文化も残されている。

太田地区の入口の木に縛られた、おふだが付いたしめ縄（写真右下）。

写真　新潟県立歴史博物館

ショウキサマ

新潟県阿賀町日出谷の夏渡戸地区では、3月の第2日曜日に、男女1対のわら人形であるショウキサマを作る。宮司が祈禱を行った後に、それぞれを集落の2カ所の入口に立てる。ショウキサマは集落の内外を見渡すとされ、悪いものの侵入を防ぐためだけでなく、病気を治し、子どもを授けるとも言われている。

新潟県立歴史博物館蔵

ショウキサマのおふだ

阿賀町熊渡で、3月8日にわら人形のショウキサマを作り、正鬼神社に納めた後、各家に頒布されるおふだ。このおふだは魔除けとして家の表口に貼られる。

個人蔵

ショウキサマのおふだ

阿賀町小出の武須沢入地区では、2月の第1日曜日にわら人形のショウキサマを作り、集落の入口に魔除けとして安置する。このおふだは、ショウキサマの胸の辺りに納められたものである。

新潟県立歴史博物館蔵

道切りのおふだ

新潟県南魚沼市船ケ沢新田では、7月15日に天王祭が行われる。集落に悪いものが侵入することを防ぐための祭りと言われ、宮司が祈禱した後、集落の入口など3カ所におふだを付ける。このおふだを付けることを「道切り」と呼ぶ。おふだの表には氏神の稲荷大明神、裏にはスサノオ、オオナムチ、スクナヒコナの神名が書かれている。

新潟県立歴史博物館蔵

道切りのおふだの表。

道切りのおふだの裏。

船ケ沢新田のはずれの杉の木に吊るされた、おふだとしめ縄。

南魚沼市

新潟県中越地方にあり、平成の大合併により六日町・大和町・塩沢町が合併して成立。越後三山と呼ばれる山地や、魚野川等の自然に恵まれた地域で、特に魚沼産コシヒカリをはじめとする農産物や日本酒の名産地としても知られる。全国的にも有数の豪雪地帯である。

金神を除ける

金神は、陰陽道に由来するとされる民間信仰の神で、毎年その居場所の方位が変わり、その方角を侵すと祟りがあるとして人びとに恐れられた。また、建物の増改築や春先の農耕開始などに際して祟りを避けるため、金神除けのおふだを屋敷地の四隅に立てる習俗が残っている。

写真　新潟県立歴史博物館

金神除けのおふだ

真言宗智山派の如法寺（新潟県三条市）から出される4枚1組のおふだ。春先などの土を動かす時期に、家の敷地の四隅に竹などを立てて1枚ずつ吊る。一般には、金神は暦と密接な関係にあり、その年の干支によって金神のいる方位が決まる。その方位に向かって建築工事、土木作業などを行うと「金神七殺」と言うように、家族7人が殺され、家族で足りなければ、その家の近隣に災厄が及ぶとされていた。

個人蔵

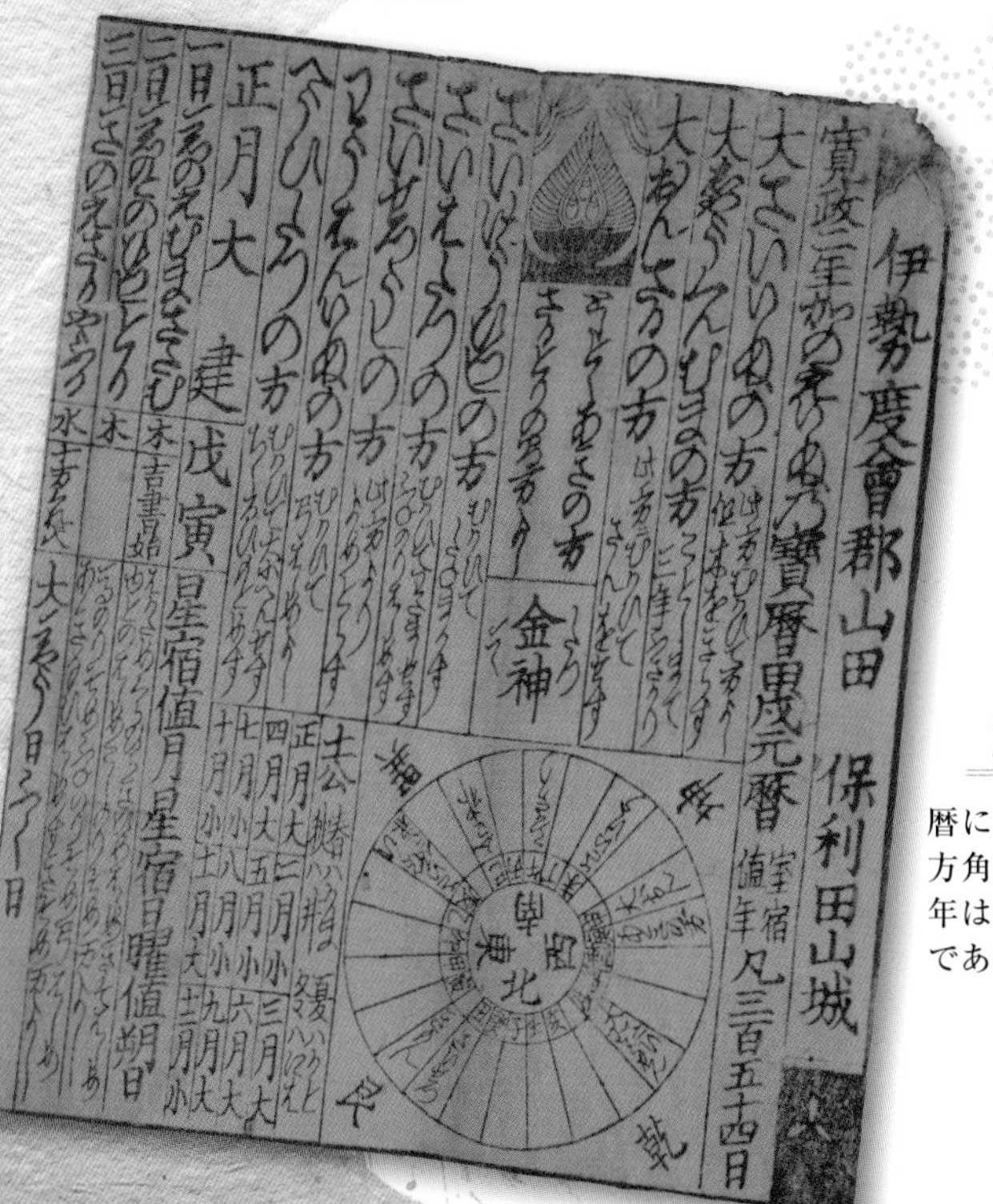

寛政二年の暦

暦には、その年の「金神」の方角などが記された。寛政二年は1790年、江戸時代の中期である。

個人蔵

三条市日枝神社の金神除け

三条市帯織の日枝神社は、山王様と呼ばれ親しまれている神社である。写真はその金神除けのおふだ。表には、「掃脚言誂賜布」と、悪いものをはらい去ってくれという意味の文言が、裏には、産土神、大地主神という土地を守護する神様と、埴山姫（はにやまひめ）神という工事や土を扱うことにかかわる神様の名が記されている。

個人蔵

人面墨書石

新潟県長岡市の山田郷内遺跡から出土したもの。板状の石に異様な風貌の人面とともに「金令（人？）」という文字が記されており、あるいは、金神のような人に非ざる者を具現化したものかもしれない。また、裏面にはもう一つの顔に加え、「大国」と墨書され、人名あるいは神名のようにも思えるが、用途は不明である。

長岡市立科学博物館蔵

トピックス

魔除けとしての動物のおふだ

動物には様々な霊力があると信じられてきました。そのため、それらの動物の姿がおふだに描かれ、魔除けやお守りとして現在でも頒布されているものも多くあります。

ニホンオオカミのおふだは、武蔵国秩父郡（埼玉県秩父市三峰）の三峯《みつみね》神社のものが著名です図1。ニホンオオカミは、絶滅する以前は日本の生態系の頂点に君臨していた肉食獣で、強い力の象徴でもありました。神の使いとされ、その姿が描かれたおふだは、害獣除け、火防、盗賊除けや悪病除けとしての功験が期待されました。

例えば、越後国頸城《くびき》郡青《お》海町《うみまち》（新潟県糸魚川市青海）の真宗大谷派長願寺の過去帳によれば、明治十二年（一八七九）のコレラ大流行の際、「村々連合シテ、三峰神社大犬ノ札を受テ、虎列刺予防ニ備フ」（「長願寺過去簿」『越佐《えっさ》叢書』三）とあり、新潟県内においても三峯神社の「大犬」（ニホンオオカミ）のおふだを信仰していたことがわかります。

山岳信仰の霊場として信仰を集める八海山尊《はっかいさんそん》神社（新潟県南魚沼市大崎）が配るものに、猫を写した「鼠除」のおふだがあります図2。かつて同地域では養蚕が盛んで、蚕を食い荒らす鼠害は深刻でした。猫は鼠の天敵であるため、その姿を写したおふだは猫の霊力が期待され、もらい受けた人びとは家の出入口や蚕室の壁に貼ったのです。

また、想像上の動物の霊力も期待されました。その代表的なものに中国の神獣「白沢《はくたく》」があります。六本の角と九つの眼を持ち、人語を解するとされ、徳のある為政者の時に出現し、病魔を防ぐ力があると信じられていました。このため、枕屏風の絵柄となったり、コレラ流行の時などもその絵が売りに出され、人びとはこれを身につけたと言われています。

江戸時代の旅のマニュアル本として、文化七年（一八一〇）に刊行された『旅行用心集』でも白沢の図を載せ、その絵符をふところに入れていれば、道中の災難や病気を免れると説いています図3。

このような、動物を写したおふだはその他にも多数あります。これらからは、かつて日本人が信仰した動物の霊力を垣間見ることができます。

（渡部浩二）

図1 三峯神社のおふだ

個人蔵

図2 八海山尊神社のおふだ

個人蔵

図3 『旅行用心集』

新潟県立歴史博物館蔵

トピックス

「さんまいのおふだ」——昔話の中のおふだ

昔話「さんまいのおふだ」は全国的によく知られている物語です。伝えられている地域により、少しずつストーリーは異なりますが、おふだのおかげで子どもが山姥から逃げおおせることができるという基本は同じです。おふだによる助力を期待する人びとの心が
このような物語を広く永く伝えてきたのかもしれません。

さんまいのおふだ

新潟県長岡市（旧越路町）
高橋ハナさんの語りより

あったてんがの。

「小僧、小僧、今日は日もいいし、山行って花取ってきてくんねぇか」

「はい」

ほして、和尚さんが
「もしやんのことがあったら悪いんだが、このありがてぇお札を三枚やるすけ、このお札をもしやんことあったらち、こっけ一枚ずつなげれ」

そういうて、お札三枚小僧にくたった。

「ありがとうございます」

小僧は喜んでほどこへいれて、ほして山へ行ったと。

山行ってグングングン入っていくろもどこまでいくもその日は花はまだなんも咲いてない。

「はあて困ったんなぁ。和尚さんが花取ってきてくれいうたがらの、花なんも咲いてねぇ」

そう思ったろも、山奥へまたはいってった。

ほしたら、へぇ、日が暮れてしもうて、くらあなってきた。そのうちに真

1 小僧が和尚さんから３枚のおふだをもらって出かける。

っ暗になってしもうたら、こう、道がわからねぇ。どっかへ泊まりたいなって思って、あっちこっちみたら、向こうにぽかぁぽかぁと灯りが見えるんだが。

「あっこいって泊めてもらおう」

そういうて小僧がそこ行ったら、

「あぁ、われぇらも、今晩一晩泊めてくらっせぇ」

中から、年寄りのばあさんが出てきて

「なんでもねぇろも、いかったら泊まれや」

そしたら、小僧は泊めてもらおってへぇったら、ばさが

「小僧は泊まったろも、なんでも食うもんはねぇ。豆でも炒って食わせら」

そういうて、裏口から出てって小石拾ってきて

鍋ン中入れて鍋でガラガラガラガラと炒って

「ほら、炒れた、食え」

自分でもガリガリガリと食うてる。

小僧は、石なんて食わんねえやんといいたろが、食うまねしてほどこん入れていた。

ほしたらばさが

「小僧寝ようぜ」

へてったんだ。小僧は、

「おら、布団がねぇんだ。寝ない」

「俺のほどこへ入って寝れ。俺が抱いて寝らぁ。ほら俺のほどこへ入れ」

しかたがねぇ、おっかねぇろも、ばさのほどこへ入って寝た。

寝らんねぇろも、寝たふりしていびきかいてたら、ばさが小僧の体なでて

「手から食おうかな、足から食おうかな」そういうて言うてる。

② 小僧、山姥の家に泊まる。

③ 小僧、便所に隠れる。

ああへらも、小僧おっかねなってしもうて、何とかして逃げんけなあと思って

「ばあさ、ばあさ、ションベンがでたくておおだてぇ」

「ここへこけ」

またちっとめて、

「ばさ、ばさ、あっぱがでたいてぇ。あっぱこきやってくらっしぇ」

「ここへこけてがね」

どうしょもねぇ。また小僧が、

「ばさばさ、おれはあっぱがたれこつ、へぇ、たれるて。おおだて、はや便所へやってくらっしぇえて」

「じゃしかたねえ。縄つけてやるこってや」

ほして、小僧の体に縄つけて、しっかり縛って

「ほら、行って来い」

ばさ、縄をしっかりたがえてて、小僧便所行っててめぇが体の縄あんなやっとほどいて、ほして、あの、雪隠の柱にいつけて、

「便所の神様俺はこれから逃してもらうすけ、俺逃がしてくらっせぇ。もしも、ばさが『小僧、小僧いいかや』というたら『まだこいてるさかん』だというてくらっしぇえの」

そういうて小僧は逃げて行った。

ばさあんだいつまでこないんだごうやいて、

「いつまでこいてけつかる」って縄引っ張ったら、あっぱんじょの柱ぬけてばさのほう飛んで行った。ああ、ばさ怒ってのぉ。

「小僧め、俺をたらかしやがって」

4 小僧、逃げながらおふだを投げて「山になれ」という。

5 小僧、なおも逃げながらおふだを投げて「川になれ」という。

ほして、ばさ外に出て、ドンドンドンドンとぼっかけていくと、小僧は一所懸命で逃げるろも、ばさドンドン逃げてくんだ、へえ、続かれそうになった。ほしたら小僧が、

「和尚さんからふだもろってきたんだが、あのふだいちめぇ投げよう」

ほしてふだを

「おやまんなーれ」

て投げたら、でっこいごいの山んなっただ。ばあさん、その山んなかちあがって、またほてざんおりて、ほして小僧ぼっかけてゆく。小僧は一所懸命逃げんども、へえ、またばあさんが、続きそうになったんだが。はあ、ごんだとおもって、またおふだいちめぇだして、

「大川んなーれ」

てて、投げたらほしたらでっこいごいの川んなったと。

ばさ、またその川ン中ジャブジャブジャブジャブジャブジャブっと漕いで向こういって、また小僧追っかけていく。小僧は一所懸命で逃げんども、また、へぇ続かれそうげになった。

「へぇ、ふだが一枚しかねぇろも、またこのふだ投げよう」

そう思って、ほしてそのふだを、

「大風なーれ」

ってて投げたら、ほうしたらそこらじゅうこんなごうぎの大風んなって、小僧ははやくこのまに逃げようとおもって逃げていってやっとお寺に逃げてっただ。

ほして、

「和尚さん、助けてくれてぇ、和尚さん助けてくれ」

っていうたら和尚さんがおきて、

6 小僧、逃げながらおふだを投げて「風になれ」という。

7 小僧、ようやくお寺に逃げ込む。

「まあ顔あろって」

「和尚さん、はやくあけてくれてぇ。ばあさんぶっかけてくるてぇ」

「今顔ふいとるん」

って和尚さんゆっくりしてる。

「和尚さん、へぇ、ばさ来たてぇ。早くあけてくれてぇ」

たら、やっと和尚さんが戸をあけてくって、ほして、中入れて、小僧こもにくるんで縄でしばって井戸の天井に下げてくったっと。

そこにおにばさが来て

「和尚さん、和尚さん。小僧こねかったか」

「小僧なんぞこねぇ」

「きたはずら。じゃあ俺家探しさせてもらう」

ほしてばさ家へえってうちんなかじゅうなめてあくも、どこもいない。井戸はあるんだが、ばさ井戸んとこいって、井戸をこうのぞいてみた。井戸のぞいてみたら、自分の顔が映ったんみて

「小僧め、そこいけつかったかぁ」

ていうて、ほして、小僧おさえらておもててまえで、こう、つったったって、井戸ン中にさかさに落ちちもうたで。ほしたら、和尚さんと小僧と二人して、そこらじゅうのある石持ってきてみんなドンドンドンと井戸ん中に石なげこんだと。ほしたら、ばあさん、へえあがらんねぇで、あちょーっといって、ばあさん死んだと。

ほんでいきさけました。

イラスト　井ノ上ふき

漫画家。新潟県長岡市出身。代表作に『めがねのキミと博物館 1』（まんがタイムコミックス）、ほか各種雑誌に掲載多数。

8 山姥、お寺の井戸に落ちて死んでしまう。

9 おしまい。

第5章

願をかける

——様々なおふだのかたち

馬から絵馬へ——託された願い

年代が判明している最古の絵馬

平城京（奈良市）の二条大路上に掘られた、土器や木簡が大量に投棄された土坑から出土した。ヒノキの柾目板を使っており、年輪の年代測定によって天平9年（737）前後に描かれたと判明した。年代がわかっている絵馬としては最古のもの。

奈良文化財研究所蔵

人は、願い事があると単に心で思うだけでは足りず、形のあるものを媒介として願いを叶えようとすることがある。

絵馬は文字通り馬の奉納の代替物として発生したと考えられ、その起源は奈良時代以前にまで遡る。古代の絵馬は馬の絵が描かれるのが一般的だったが、時代が下ってくると願い事に応じた絵柄や、奉納される社寺などに由来する絵柄が描かれ、裏面に奉納者の願い事が書かれるようになっていく。

例えば、稲荷社では狐の絵が、天満宮では天神様と梅の花が描かれるなどである。中には判じ物のように、願い事を示唆させるような絵柄も多く描かれた。小絵馬は主として個人の奉納に用いられる。

盃に鍵の小絵馬

酒断ち祈願に使われた小絵馬で、盃に鍵がかかっている図を描く。

河童の小絵馬

子どもの水難除け祈願に使われた小絵馬。昔は子どもがおぼれると、河童のしわざと考えられていた。

八つ目の小絵馬

眼病治癒祈願に使われた小絵馬で、八つ目は「やんめ（病む目）」につながり、判じ物のような体裁をとっている。眼病治癒祈願の小絵馬はほかにも様々なものがある。

子ども入浴の小絵馬

風呂嫌いをなおすために使われた小絵馬。昔から子どもは風呂嫌いが多く、親はこの絵のように風呂に入ってほしいと願ったと思われる。

新潟県立歴史博物館蔵（107ページすべて）

誓いの約束は起請文《きしょうもん》で！

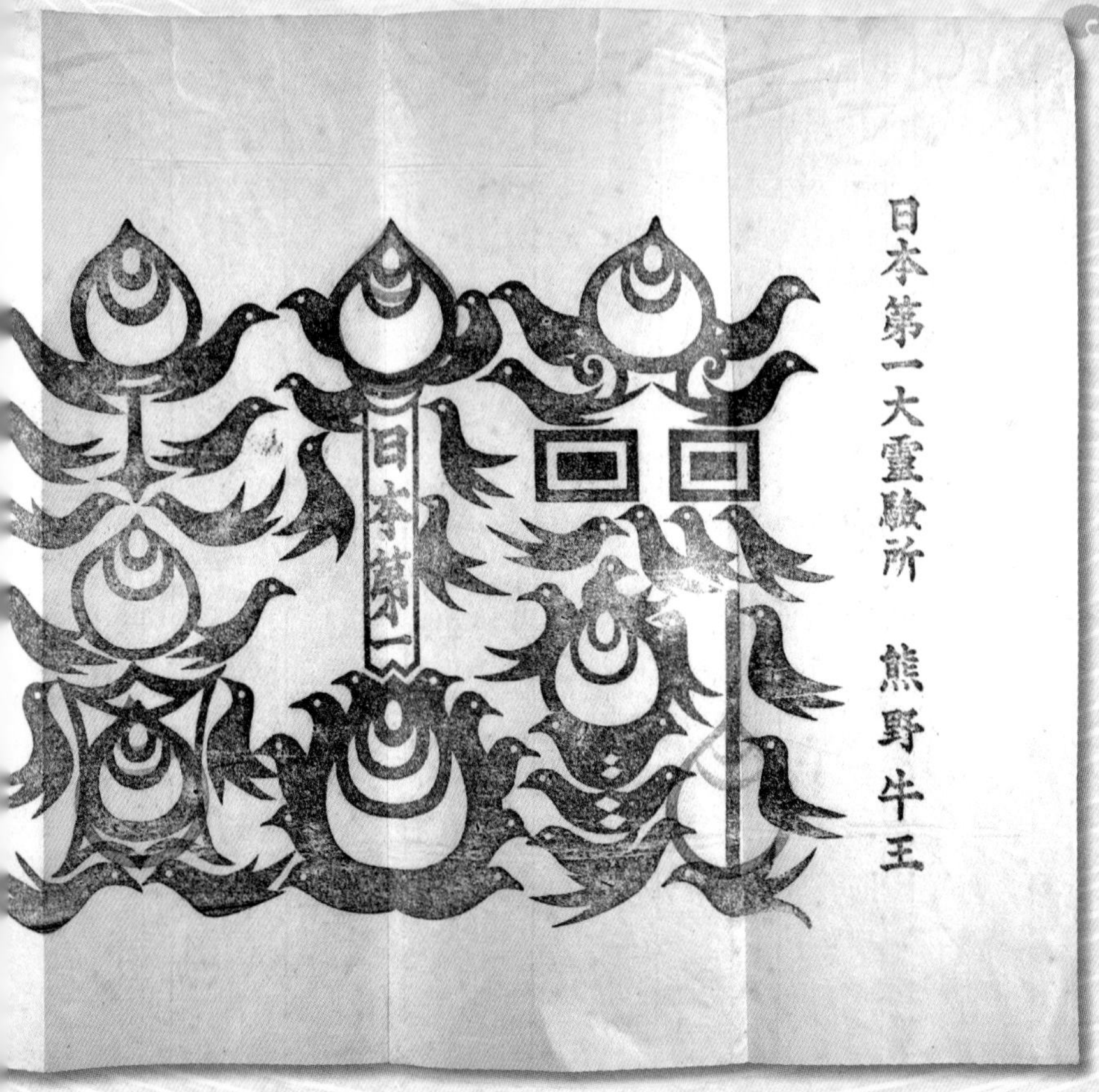

人と口約束をする時などに「天地神明に誓って……」などという言葉を口にすることはないだろうか。実はこれを文書化したものが古くから用いられている。それは起請文と言われる文書の様式で、人対人、あるいは自分自身への誓いとして文書が作成される時に、神社などの発給したお札紙の裏面を使って、誓い文言を記すものである。

もし、その誓いを破ったならば、神仏の罰が当たることを視覚的にも感覚的にも〝みえる化〟するのがこの起請文なのである。

最もよく知られているのは、熊野《くまの》の牛王宝印《ごおうほういん》を用いた起請文である。熊野権現を祀る熊野本宮《ほんぐう》大社、熊野速玉《はやたま》大社、熊野那智《なち》大社からなる熊野三山（和歌山県）が頒布する牛王

牛王宝印と起請文

牛王宝印とは、熊野三山の発する神札で、熊野のシンボルである烏と宝珠がデザインされているものが一般的である。しかし、その起源やなぜ牛王と呼ぶかは不明だ。一説には、漢方薬の牛黄（ごおう。牛の胆石、解熱、強心などに効果がある）を朱印の材料に使ったからとも言う。
牛王宝印は、熊野三山のみならず、全国の熊野神社やそれ以外の神社でも発給されるようになっていく。起請文とは人が約束を交わす際に、神仏に約束を違わないことを誓う文書である。やがて、牛王宝印の裏面を使って起請文が作られるようになっていく。もし、約束を破ったら熊野の使いである烏が三羽死に、約束を破った本人は地獄に落ちると信じられていた。写真は熊野速玉大社（和歌山県新宮市）の牛王法印。

新潟県立歴史博物館蔵

新潟県胎内市に伝わる牛王宝印版木

新潟県胎内市の山野神社神官の家に伝えられた熊野牛王宝印の版木。「応永二年四月日快泉」「文明五年寅年良学院」「天正八快盡元文真澤」「文化五辰冬十一月清賢改之」の陰刻がある。裏面には縁起などからの抜粋が墨書されているが、書かれた年代などは不明。

個人蔵

宝印とは、熊野権現の使いとされる多数の烏の形を用いて「熊野山宝印」「那智瀧宝印」などという文字を和紙に版木で刷ったものである。これらは熊野三山のみならず、全国の熊野神社で発行していたようであり、様々な種類が出回っていた。
元来は、火災・盗難・病除けなどの護符として用いられたものであるが、これを誓約書として用いるようになったものである。

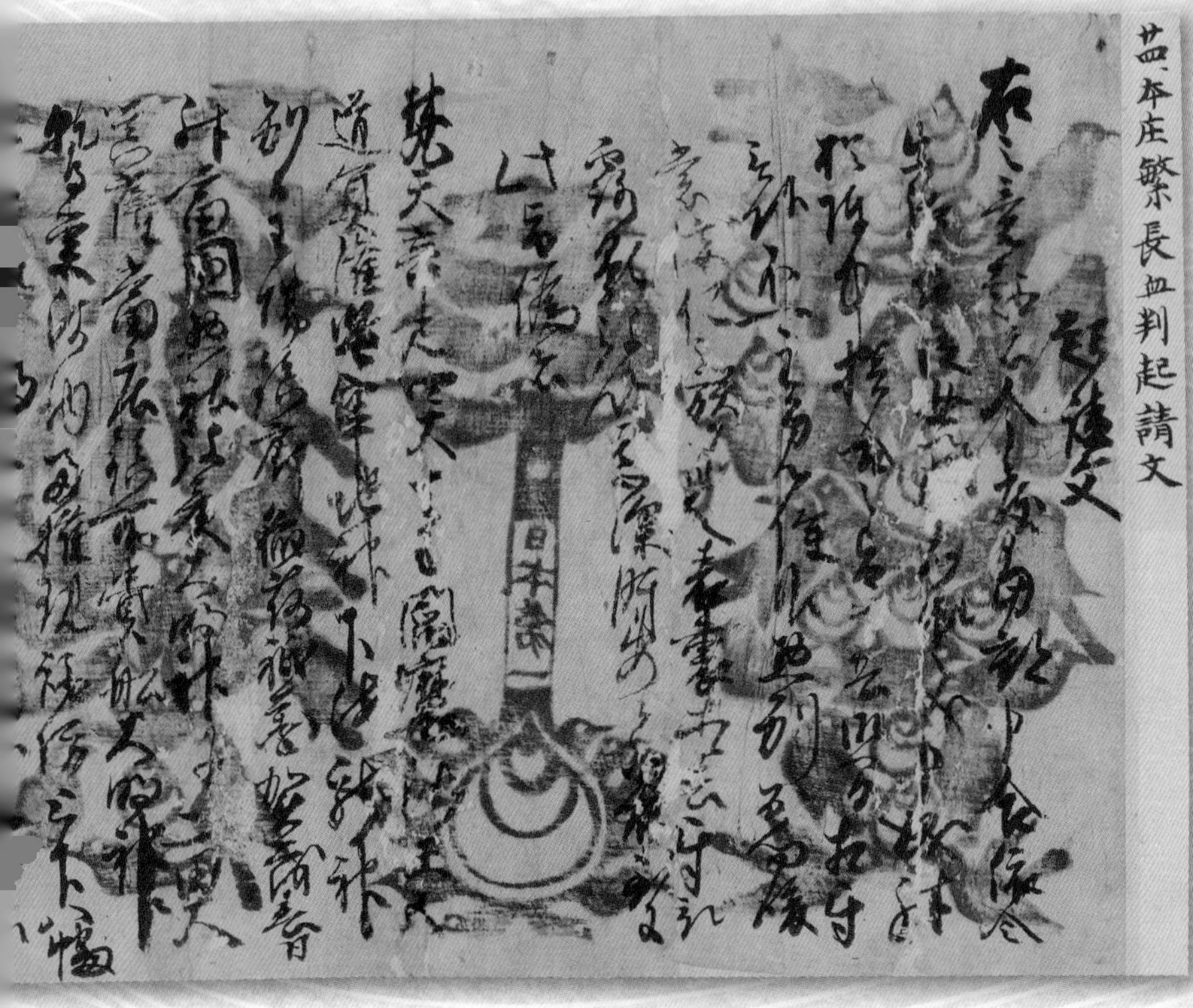

本庄《ほんじょう》繁長《しげなが》血判起請文

弘治4年（1558）、本庄繁長が色部勝長に宛てて作成した起請文である。出陣にあたって、繁長と勝長が相互に団結することを確認している。この起請文は二紙で、いずれも熊野那智社（和歌山県那智勝浦町）の牛王宝印が用いられている。

上杉輝虎《うえすぎてるとら》（謙信《けんしん》）血判起請文

永禄10年（1567）、上杉輝虎（謙信）が色部勝長に宛てて作成した起請文。本資料で謙信は下野佐野（栃木県佐野市）に駐留した勝長に対して「一世中の忠信」とほめたたえ、それに偽りがないことを誓っている。この起請文には多賀大社（滋賀県多賀町）の牛王宝印が用いられている。

新潟県立歴史博物館蔵／国指定重要文化財（2点とも）

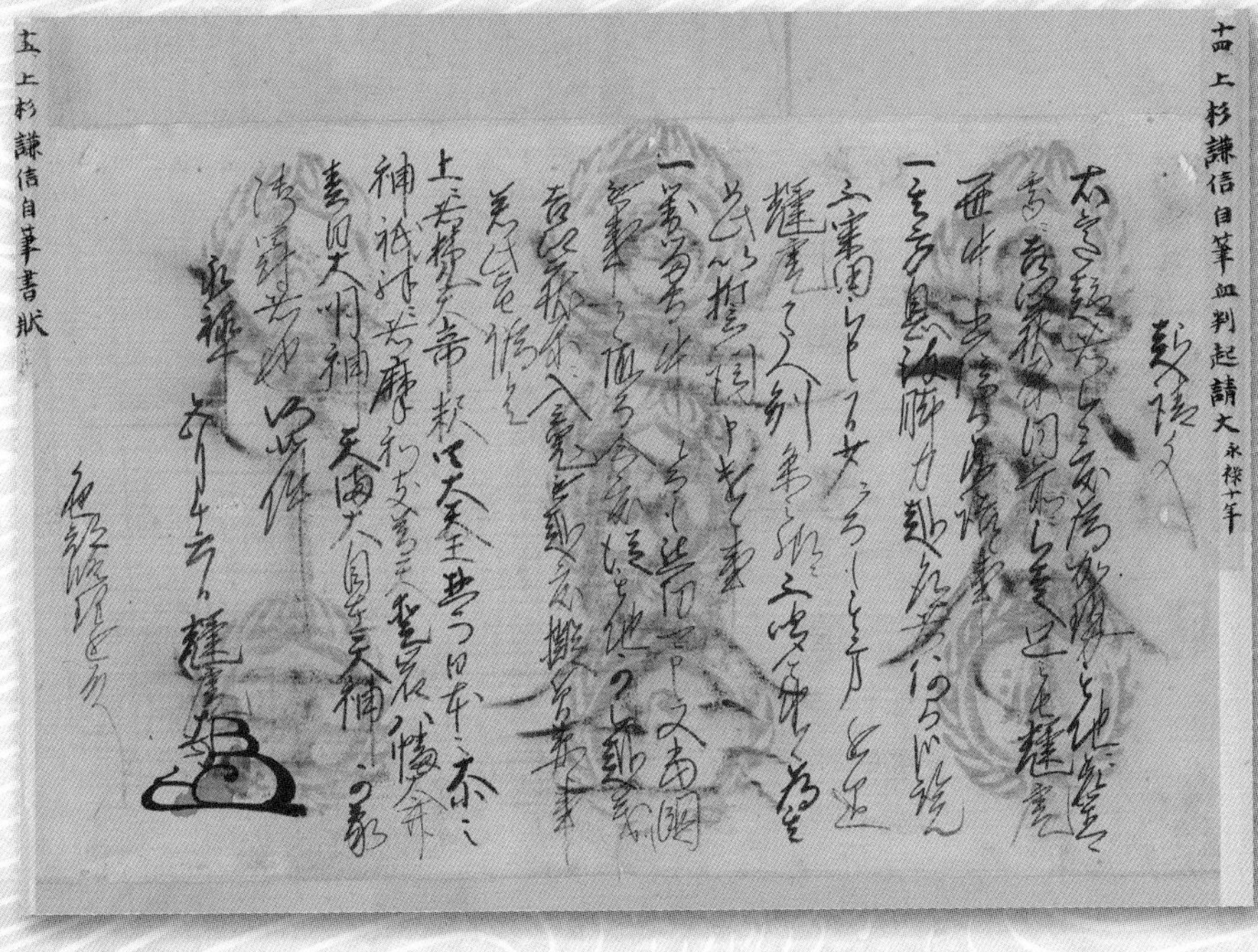
十四 上杉謙信自筆血判起請文 永禄十年
十五 上杉謙信自筆書状

現代社会の中に生きるおふだの伝統

おふだやまじないというと、なんだか過去の古臭いものというイメージがあるかもしれない。しかし、現代人の生活でも実はかなり身近なところに古い時代から連綿と受け継がれているおふだやまじないの伝統が息づいていることが感じていただけたであろうか。

現代社会は科学万能、理屈のはっきりしないものなどは、非科学的、いかがわしい、迷信、カルトだなどと言って忌避する考え方もあるであろう。しかし、そのような現代人でも、実は一つや二つはお守り的なものを持っていたり、時にはちょっとした願掛けのまじないをすることもあるのではないだろうか。

実は、筆者自身あるおふだ関連本にあるおふだを職場のデスクに貼っていたところ、周りの同僚の間にインフルエンザが蔓延《まんえん》する中でも罹患《りかん》することがなかったという経験を持つ。もちろん、これがそのおふだの力であるわけはなく、こまめに手洗いうがい等の現代医学で推奨される方法をとっていたためにインフルエンザを避けることができたというのが実際であろうが、なんとなくおふだの力もあったのではないかという気もわずかながら心の底にあったことは否めない。

現代では、寺社に行けば、お守りやおふだの類が簡単に手に入る。ものによっては、インターネットで販売するサイトなどもあるようだ。もしかしたら、昔の人びとよりもおふだやまじないに接することが容易になってきているのかもしれない。

長い歴史の中でおふだやまじないに含まれる元来の意味や由緒はいつの間にか忘れ去られ、その効能のみによって人びとの間に長く生き続けている。極端なことを言えば、昔の人も今の人も等しくおふだやまじないの原義など知らないのだ。しかし、それは決して非難されるべきものではない。元々の意味など知らずとも、ひたすらに念じることによって、そこに何かが起きると期待する心まで封じ込める必要はないのであろう。危険なオカルトやスピリチュアル等に振り回されたり、暴走したりする事さえ気を付ければいいのである。

写真は、羽田空港のターミナルの風景である。下げられているのは無

羽田空港の絵馬。
個人蔵

数の絵馬で、いってみれば現代の絵馬殿とでもいうべきものである。科学技術の粋を集めたような航空機や飛行場は近代社会の象徴のような存在だが、そこにこのような古来からの風習である絵馬が掲げられるスペースが設けられていることにある種の驚きを禁じ得ない。

　もちろんそこには神主も巫女もおらず、ポツンと自動販売機が置かれているのみである。人びとはこの自販機で絵馬を購入し、各々の願い事を記して〝奉納〟する。場所柄、日本人のみならず外国人が書いたと思しき絵馬もかなりの割合を占めているようだが、果たしてこの外国人たちは、日本の伝統としての絵馬をどこまで理解しているのであろうか。また、旅立ちの場である空港らしく、旅の安全を祈るもの、いつか海外旅行に行けることを願うものなども見られ、さらには航空業界への就職を願うものなど、実に様々な願いが込められているというのも、空港らしいといえばらしいのである。

　現代社会の最先端とおふだやまじないの伝統の融合、まさに日本社会の縮図を見るような光景である。

おわりに

今回、思いがけず本書籍の出版についてのお話しを頂戴し、最初は正直驚きがあった。

このような地方都市の一博物館で開催した地元密着型の企画展が、一般書の体裁をとったとして果たして世間の人びとに受け入れていただけるのだろうかという素朴な疑問もあった。確かにご来場いただいたお客様からは多くのお褒めの言葉をいただき、図録も早くに完売するなど、それなりの手ごたえはあった。

また、企画展開催にあたって、とあるインターネットのニュースサイトで取り上げられるやいなや、某ＳＮＳでは、瞬間的にバズったことも確認できた。曰く「面白そう、見に行きたい、けど新潟遠い、近所でやってくれ」的な書き込みが、日本中から一日で一〇〇〇件近くも投稿されていた。

会期中にも、普段は比較的年配の世代の観覧者が多い当館ではあるが、ちらほらと、例えば全身黒のゴスロリスタイルで固めた〝それ系〟の方など、いつもと違う方々にもおいでいただけたようである。

意外に若い世代ほど興味を持っていただけたのは、当初の予想を良い意味で裏切られた気分であった。

企画展の際には多くの方々に展示資料の提供はもとより、情報提供、学術的ご指導を頂戴した。また再び本書の刊行にもご協力いただき、あらためて御礼申し上げたい。

まだまだ触れるべき事柄で十分にご紹介できなかったものも多い。それらはまたいずれ別の機会にお披露目できたらと願うところである。

最後に、原稿の遅れでご迷惑をおかけし続けたにもかかわらず、粘り強くご支援いただいた河出書房新社の稲村光信さんと盛田真史さんには心より感謝を申し上げる。

二〇二〇年二月

新潟県立歴史博物館　浅井 勝利

執筆者紹介

浅井 勝利　新潟県立歴史博物館　学芸課長

日本古代史。1963年神奈川県生まれ。1995年早稲田大学大学院文学研究科博士後期課程単位取得退学。1995年より新潟県において新しい博物館の設置業務にかかわり、2000年の開館と共に新潟県立歴史博物館研究員。論文に「八幡林遺跡出土木簡釈文の再検討」(共著)(『新潟県立歴史博物館研究紀要』第14号、2013年)、「古代北陸の交通—越後佐渡への陸路と海路—」(小林昌二・小嶋芳孝編『日本海域歴史体系　第一巻古代篇Ⅰ』清文堂出版、2005年) など。企画展は「謎の古地図—新潟平野が海の底か！？—」(2013年)、「古代の越後国古志郡—八幡林遺跡出土木簡とその時代—」(2012年)、「ハンコ今昔」(2008年) などを担当。

三国 信一　新潟県立歴史博物館　主任研究員

日本民俗学。1976年高知県生まれ。近畿大学大学院文芸学研究科修士課程修了。共著・論文に『人と樹木の民俗世界—呪用と実用への視角—』(大河書房、2014年)、「盆行事におけるヌルデの利用」(『新潟県立歴史博物館研究紀要』第18号、2017年) など。企画展は「クイズとたいけん！むかしのくらし」(2017年)、「村の肖像　山と川から見たにいがた」(2018年) などを担当。

渡部 浩二　新潟県立歴史博物館　専門研究員

日本近世史。

新潟県立歴史博物館について

新潟県立歴史博物館
The Niigata Prefectural Museum of History

昭和30年代の雪国の生活を実物大で再現した「雪とくらし」。

「縄文人の世界」では、縄文時代のムラをまるごと展示！

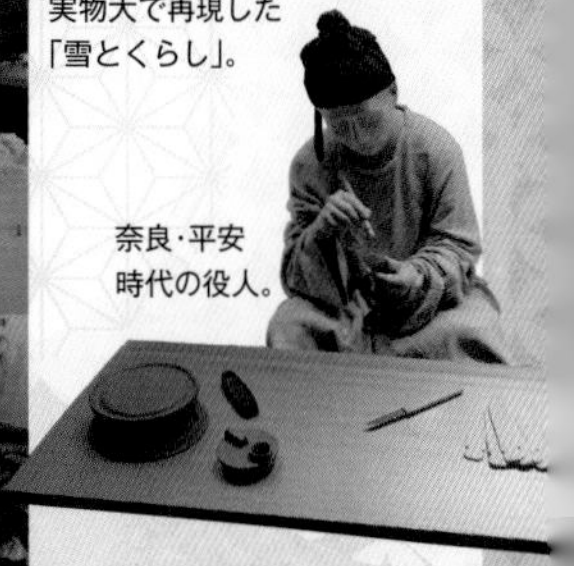

奈良・平安時代の役人。

縄文から現代まで、壮大なスケールでふりかえる

常設展示は、新潟県の歴史・文化を紹介する【歴史展示】（「新潟県のあゆみ・雪とくらし・米づくり」の各展示室）と、縄文文化を全国的・世界的視点から紹介する【縄文展示】（「縄文人の世界・縄文文化を探る」の展示室）で構成。

旧石器時代から近現代に至るまでを、復元や模型などを用いて、豊富な資料で紹介する「新潟県のあゆみ」では、古代のコーナーで、文字が書かれた墨書土器やまじないに使われた木簡も展示されている。古代の人びとの精神世界に思いをはせてみたい。

また、「雪とくらし」「縄文人の世界」では、当時の雪国でのくらしや縄文時代の狩猟の様子などを実物大で再現。小道具や路傍の植物に至るまで、徹底した時代考証を元に作成されているので、まるでその時代に入り込んだような気分で歴史に親しむことができるだろう。

日本遺産（信濃川流域の火焔〔かえん〕型土器と雪国の文化）にも認定された、縄文時代の火焔型土器についても詳しく解説されているので、新潟の歴史と文化をじっくりと体感してほしい。

このほか、土日祝日を中心に体験コーナーや研究員による常設展示ワンポイント解説なども行われる。詳細はホームページで確認できる。

新潟県立歴史博物館

- 新潟県長岡市関原町1丁目字権現堂2247番2
- TEL／0258-47-6130
- 開館／午前9時30分～午後5時（入館は午後4時30分まで）
- 休館／毎週月曜日（月曜日が休日の場合は、その日以後の休日ではない最初の日）、年末年始（12月28日～1月3日）
  ※このほか臨時休館する場合もあります
- 料金／常設展示観覧料：一般520円、高校・大学生200円、中学生以下無料
- ホームページ／http://nbz.or.jp/

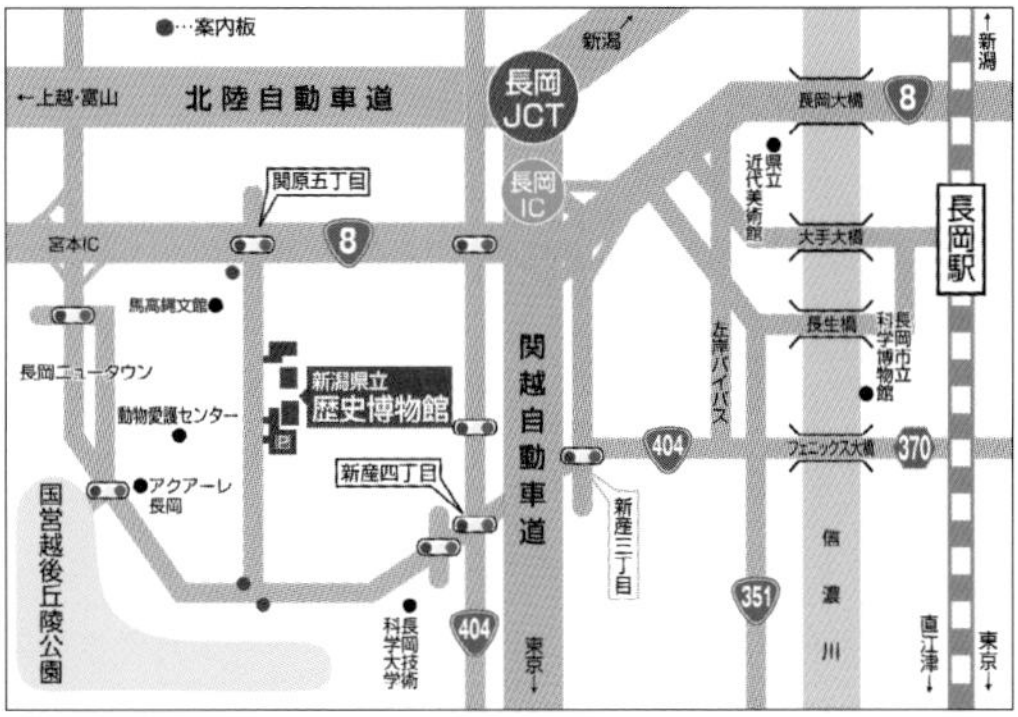

アクセス

JR 長岡駅からバス約 40 分・関越自動車道長岡インターチェンジから車で約 5 分

主要参考文献

◉おふだやまじない全般に関する参考書として

○吉野裕子『日本古代呪術』1975年、大和書房

○中野豈任『祝儀・吉書・呪符—中世村落の祈りと呪術—』1988年、吉川弘文館

○別冊歴史読本特別増刊『呪術—禁断の秘法』1994年、新人物往来社

○奥野義雄『まじない習俗の文化史』1997年、岩田書院

○瓜生中『呪術・占いのすべて—「歴史に伏流する闇の系譜」を探究する！』1997年、日本文芸社

○武光誠監修『すぐわかる日本の呪術の歴史』2001年、東京美術

○『呪術の本—禁断の呪詛法と闇の力の血脈』2003年、学研

○繁田信一『呪いの都平安京　呪詛・呪術・陰陽師』2006年、吉川弘文館

○武光誠『たけみつ教授の密教と呪術が動かした日本史』2007年、リイド社

○大江篤『日本古代の神と霊』2007年、臨川書店

○大森亮尚『日本の怨霊』2007年、平凡社

○千々和到編『日本の護符文化』2010年、弘文堂

○小松和彦『呪いと日本人』2014年、角川学芸出版

◉おふだやまじないをビジュアルに知りたい場合に

○上田市立信濃国分寺資料館編『蘇民将来符—その信仰と伝承—』1989年、上田市立信濃国分寺資料館

○広島県立歴史博物館編『中世の民衆とまじない』1990年、広島県立歴史博物館

○西尾市岩瀬文庫編『岩瀬文庫の占い・呪（まじな）い本』2004年、西尾市岩瀬文庫

○新潟県立歴史博物館編『中世人の生活と信仰　越後・佐渡の神と仏』2006年、新潟県立歴史博物館

○神奈川県立金沢文庫編『陰陽道×密教』2007年、神奈川県立金沢文庫

○新潟県立歴史博物館編『おふだに願いを—呪符—』2016年、新潟県立歴史博物館

◉陰陽道全般について深く知りたい場合に

○村山修一『日本陰陽道史総説』1981年、塙書房

○村山修一他編『陰陽道叢書』1～4、1991～1993年、名著出版

○山下克明『平安時代の宗教文化と陰陽道』1996年、岩田書院

○中村璋八『日本陰陽道書の研究（増補版）』2000年、汲古書院

○林淳・小池淳一編著『陰陽道の講義』2002年、嵯峨野書院

○繁田信一『陰陽師と貴族社会』2004年、吉川弘文館

○繁田信一『陰陽師　安倍晴明と蘆屋道満』2006年、中公新書

○齋藤勵著・水口幹記解説『王朝時代の陰陽道』2007年、名著刊行会

○山下克明『陰陽道の発見』2010年、NHK出版

○小池淳一『陰陽道の歴史民俗学的研究』2011年、角川学芸出版

○斎藤英喜『増補　陰陽道の神々』2012年、思文閣出版

◉個別の論考について

【呪符】

○水野正好「釘・釘うつ呪作—その瞥見録」『奈良大学紀要』第11号、1982年

○水野正好「屋敷と家屋の安寧に—そのまじなひ世界」『奈良大学紀要』第12号、1983年

○奥野義雄「いまに息づく呪符・形代の習俗—遺物・記録が語るまじない習俗文化史—」『木簡研究』第 16 号、1994 年

○湯本豪一『日本幻獣図説』河出書房新社、2005 年

○板橋春夫「なぜお守りを持っているのか？—祈願とまじない」『知って役立つ民俗学—現代社会への 40 の扉—』2015 年、ミネルヴァ書房

【蘇民将来】

○『高志路』第 246 号（蘇民将来特集）、新潟県民俗学会、1977 年

○宮本升平「蘇民将来符の研究—その形態と分布—」『民具研究』119 号、1999 年

○尾身栄一「円福寺の蘇民将来」『長岡郷土史』第 15 号、1977 年

○佐藤和彦「新潟県における蘇民将来の習俗」『魚沼文化』第 59 集、2010 年

【金神除け】

○三条市史編修委員会編『三条市史　資料編第八巻　民俗』1982 年

○吉田郁生「金神様除けの札と経塚」『高志路』第 271 号、1984 年

○高野晶文「袋に伝わる地を鎮めるマツリ〜『急々如律令』をめぐって〜」『光明天女にいざなわれ』3、2010 年

【陰陽道】

○中島和歌子「『御堂関白記』の陰陽道」『国文学研究資料館紀要』文学研究篇 40、2014 年

○中島和歌子「「『御堂関白記』の陰陽道」補遺ノート」『札幌国語研究』20 号、2015 年

○中島和歌子「陰陽道の式神の成立と変遷再論—文学作品の呪詛にもふれつつ—」『札幌国語研究』22 号、2017 年

【新潟の作り物等の民俗】

○中山徳太郎、青木重孝編『佐渡年中行事』1938 年

○『無形の民俗文化財記録第 8 集　新潟県の作神信仰—越後・佐渡の農耕儀礼調査報告書 II—』1982 年、新潟県教育委員会

○赤泊村史編さん委員会『赤泊村生活誌』1987 年、赤泊村教育委員会

○佐藤和彦「私の佐渡日記 2—新潟県史佐渡民俗調査メモ—」『高志路』第 321 号、1996 年

○福田アジオ編『北小浦の民俗　柳田国男の世界を歩く』2002 年、吉川弘文館

○東蒲原郡史編さん委員会編『東蒲原郡史　資料編 8　民俗』2004 年

○佐藤和彦「両津市赤玉から赤泊村へ」『高志路』第 353 号、2004 年

○池田哲夫『佐渡島の民俗—島の暮らしを再発見』2006 年、高志書院

◉おふだや呪いを実践してみたい人に（あまりおススメはしませんが…、自己責任で）

○中村天陽『まじない秘法』1963 年、神宮館

○藤崎孝教『天帝尊星　霊符秘密集傳』1988 年、八幡書店

○仙岳坊 那沙『呪い完全マニュアル』1994 年、国書刊行会

○豊島泰国『図説　日本呪術全書』1998 年、原書房

○黒塚信一郎『呪術秘法の書』2000 年、原書房

○宮島鏡『呪い方、教えます。』2001 年、作品社

○大宮司朗『まじない秘伝』2005 年、ビイングネットプレス

○羽田守快『江戸呪術教本—邪兇咒禁法則』2006 年、柏書房

○大宮司朗『五色彩色　霊符秘典』2012 年、ビイングネットプレス

見るだけで楽しめる！
まじないの文化史　日本の呪術を読み解く

2020年5月30日　初版発行
2022年4月30日　4刷発行

監　修 ―――――――――――新潟県立歴史博物館

発行者 ―――――――――――小野寺優

発行所 ―――――――――――株式会社河出書房新社

〒151-0051　東京都渋谷区千駄ヶ谷2-32-2
電話　03-3404-1201（営業）
　　　03-3404-8611（編集）
https://www.kawade.co.jp/

企画・構成 ―――――――――盛田真史

イラスト ――――――――――もりのぶひさ

装丁・本文デザイン ――――阿部ともみ[ESSSand]

印刷・製本 ―――――――――三松堂株式会社

Printed in Japan
ISBN978-4-309-22803-7